La complainte
des hivers rouges

La photo de Roland Lepage, sur la couverture, ainsi que les photos de scène, à l'intérieur, sont de Daniel Kieffer.

Maquette de la couverture: Jacques Léveillé

ISBN 2-7609-0131-9

© Copyright Ottawa 1984 par Les Éditions Leméac Inc.
Dépôt légal — Bibliothèque nationale du Québec
4e trimestre 1984

Imprimé au Canada

**Roland
Lepage**

La complainte
des hivers rouges

LEMÉAC

AVANT-PROPOS

J'avais treize ans. J'étais en classe de Méthode au Séminaire de Québec, et notre vieux professeur avait demandé à tous les élèves de préparer à tour de rôle une manière de petite causerie, que nous serions ensuite appelés à prononcer du haut de la tribune, à la place du maître. Je venais de trouver dans la bibliothèque de mon père un livre au papier sec, aux pages jaunies, dont la lecture m'avait insufflé une belle flambée de zèle nationaliste : il s'agissait de l'édition originale des Patriotes de L.O. David. Je choisis comme sujet pour mon travail les événements de 1837-1838.

Il me reste le souvenir d'avoir passé des heures à rédiger un brouillon que je n'avais pas eu le temps de transcrire au propre ; de l'avoir achevé de justesse la veille du jour où j'allais affronter la classe assemblée pour m'écouter, en ayant dû me coucher très tard, à minuit au moins ; de m'être senti le lendemain les genoux qui flageolaient, quand j'avais gravi les deux marches de la tribune pour aller m'asseoir au bureau du professeur ; d'avoir à un moment perdu pied en far-

fouillant dans mes notes, tassées d'une écriture trop serrée sur les nombreux feuillets d'un papier bleu dont je revois encore la couleur.

Je suis sorti de l'épreuve, ni meilleur ni pire qu'un autre, sans avoir révélé des dons de conférencier particulièrement exceptionnels. Mais en tout cas c'était fait! Et j'avais du moins réussi à montrer que j'étais bien enflammé de mon sujet. On m'aurait pourtant fort étonné si l'on m'avait prédit que j'allais devoir le reprendre un jour, combien d'années plus tard, mon Dieu!, et que j'en tirerais ce qu'on est convenu d'appeler une œuvre dramatique.

Entre la causerie du Petit Séminaire de Québec et la Complainte des Hivers rouges, *j'ai roulé ma bosse à travers les écoles, à travers les théâtres, un peu à travers le monde aussi, étudiant, enseignant, jouant la comédie, écrivant d'abord pour moi-même, ensuite pour la télévision, enfin pour la scène. Et c'est ainsi que, l'automne dernier, mon ami André Pagé, directeur de l'École Nationale, m'a proposé d'écrire, comme je l'avais déjà fait une couple de fois auparavant, un exercice dramatique pour une classe d'interprétation de la section française. Nous avons choisi de chercher un sujet dans les annales de notre histoire québécoise. Qui de nous deux a d'abord pensé à l'épisode des Patriotes, à l'insurrection de 1837? Je ne sais plus. C'est arrivé comme ça, tout naturellement, au milieu de nos discussions. Je me suis mis à jongler à la manière dont je pourrais traiter une matière où la multiplicité des personnages et des événements m'effrayait un peu. Et un beau jour, j'ai vu rouge. Des lueurs d'incendie qui embrasaient tout le ciel du Québec. Le récit des cruelles répressions de Colborne, le Vieux Brûlot, avaient autrefois profondément frappé mon imagination d'enfant, et j'en avais conservé en mémoire une vision assez vague, mais flamboyante. Un souvenir rouge! Recou-*

rant de nouveau à la bibliothèque paternelle, j'ai relu le livre presque centenaire de L.O. David, dont les pages avaient davantage jauni, dont le papier était devenu encore plus sec. Je commençais déjà à repérer certains épisodes, certains personnages susceptibles de m'inspirer, quand tout le projet est tombé à l'eau. Des imprévus d'ordre purement administratif faisaient que l'exercice proposé devait s'orienter d'une façon tout à fait différente. Au lieu d'une fresque historique, l'École Nationale me commandait maintenant, pour un autre groupe d'étudiants, une autre pièce, celle-là de caractère plutôt intimiste. Alors j'ai écrit le **Temps d'une Vie**.

Dans l'intervalle, pendant que les **Hivers rouges** attendaient dans le tiroir, le Québec avait connu le scrutin du 29 octobre. Tous ceux à qui la campagne électorale avait fait vivre des semaines d'espoir, de suspense exaltant, pouvaient voir la grande machine rouge triompher encore une fois au parlement de Québec, plus monstrueusement «omnipuissante» que jamais. Le soleil de l'indépendance entr'aperçu dans une éclaircie, aussitôt balayé dans l'ombre. Un sentiment d'écrasement, la tentation de céder au découragement. On n'exerce son droit de citoyen qu'une fois tous les quatre ans, d'ici la prochaine possibilité de voter, qu'est-ce qu'on peut faire? Faire ce que l'on sait faire. Que les chanteurs chantent, que les acteurs jouent et que les écrivains écrivent!

Au cours du mois de novembre, Michelle Rossignol, elle aussi professeur à l'École Nationale, se met en quête d'une pièce pour les étudiants de seconde année. André Pagé lui parle du projet sur les Patriotes de 1837-1838. La voilà emballée! Elle veut quelque chose de large, quelque chose d'épique. Le groupe qu'elle va diriger, cinq garçons et quatre filles, aime chanter, ils ont de bonnes voix: c'est elle qui a l'idée d'utiliser

le genre complainte pour exprimer une sorte d'obstina-
tion revendicatrice. Les Hivers rouges ressortent.

Je pars en voyage avec mes papiers, mon précieux
livre de L.O. David, et des images du Québec plein le
cœur. Un mois durant, je vis avec les fantômes de
Chénier, de Cardinal, Duquet, Lorimier, et surtout j'es-
saie de me représenter la passion endurée par toute une
partie du peuple québécois, par tous ces braves habi-
tants de nos campagnes que l'insurrection de 1837-1838
et la sauvage répression qui l'a suivie ont si douloureu-
sement fait pâtir.

À la mi-février, la Complainte des Hivers rouges *était*
terminée.

Roland Lepage
Montréal, 3 juin 1974.

La complainte des Hivers rouges, fresque
dramatique en vingt-cinq couplets,
a été commandée à l'auteur
par la section française
de l'École Nationale de Théâtre,
comme exercice d'interprétation
pour les étudiants de deuxième année.

Elle a été créée à Montréal, le 27 mars 1974,
au Studio du Monument National,
dans une mise en scène de Michelle Rossignol,
avec, dans les rôles des quatre femmes :

Diane Maziade   Evelyne Régimbald
Danièle Panneton   Jocelyne Saint-Denis

et dans ceux des cinq hommes :

Pierre Claveau   Jean-Marc Leclerc
Yvon Dumont   Louis Poirier
Pierre Lebeau

PERSONNAGES

Neuf comédiens, cinq hommes et quatre femmes,
individuellement ou groupés en chœur,
joueront tous les personnages de l'action,
dans cette fresque dramatique
qui évoque les misères des deux hivers
1837-1838 et 1838-1839.

DÉCORS

La salle est entièrement tendue de noir, et les estrades pour les spectateurs sont réparties tout à l'entour d'une aire de jeu centrale.

Le dispositif formant décor est constitué par une charpente métallique, un ensemble d'échafaudages tubulaires, dont les tuyaux s'entrecroisent et se recoupent à angles droits, où l'éclairage permet d'isoler divers lieux scéniques situés à des niveaux différents.

En grimpant à travers les barreaux de fer, les personnages peuvent atteindre des paliers, sur lesquels se dérouleront certaines scènes.

Toute cette structure de métal doit s'élever le plus haut possible, comme une sorte de pyramide irrégulière dont le sommet, plutôt déporté vers une extrémité, se perdrait dans les cintres.

Tout en haut, sur le dernier palier, dans une position dominante, mais précaire malgré tout, à cause de sa hauteur justement, un fauteuil, un trône vide, simplement drapé dans un *Union Jack* stylisé dont la pointe pend sur les tiges de fer.

Un haut-parleur pourrait se trouver dissimulé dans les cintres, au-dessus du trône, et serait dirigé vers le bas, vers le plancher.

Au début du spectacle, toute la salle baigne dans l'obscurité. Une fois que les comédiens ont pris leurs places, une clarté rouge commence à vaciller, se diffusant à travers les échafaudages. À mesure que l'éclairage monte, toujours dans des tons rougeoyants, avec une espèce de vibration, comme les lueurs mouvantes d'un incendie, on entend les crépitements du feu. C'est tout un pays qui brûle!

On se met alors à percevoir une rumeur confuse qui, s'enflant peu à peu, comme une sourde lamentation, finit par s'exprimer dans les premiers couplets de la complainte.

CHOEUR, *chanté* —
    Bas-Canadiens des vill', des villag', des campagnes,
    Braves gens, bonnes gens de par tout le pays,
    Des bords du fleuve au fond des lointaine montagnes,
    Gens du Bas-Canada, écoutez bien ceci.

    Y'a deux hivers qu'on en gardera la mémoère
    Pour longtemps, bien longtemps, de par tout le pays.
    C'est des hivers marqués dans le liv' de l'Histoère
    Par le sang, par le feu. Rapp'lez-vous-en aussi!

On entendait l'tocsin, qui, d'église en église,
De clocher en clocher, et par tout le pays,
Sonnait l'alarm' pour dire à nos gens qu'ils se disent:
« Sauvons-nous, les Anglais s'en vont v'nir par ici!»

On pouvait voèr, la nuit, dévoré' par les flammes,
Nos maisons qui brûlaient de par tout le pays.
Les habits roug' pâssaient, nos enfants et nos femmes
Étaient chassés déhors sans pitié, sans marci.

Adieu, nos biens détruits! C'est la bande à Colborne
Qui nous a dévastés de par tout le pays.
Le Vieux Brûlot maudit, que le diâble l'encorne!
Y'avait qu'un chien barbâr' pour traiter l'monde
[ainsi.

*Avec l'éclairage, on a découvert la masse des comé-
diens, accrochés aux barres des échafaudages comme des mouches dans une toile d'araignée.*
*Ils sont restés immobiles, dans la même position,
pendant toute la complainte. Sitôt la chanson finie,
ils commencent à se déplacer, à se grouper autrement, certains grimpant vers le haut pour faire le
guet au lointain.*

4 FEMMES — Qu'est-c' c'est don', c'te grand' lueur
[rouge...
5 HOMMES — Roug' comm' le feu!
                    Roug' comm' du sang!
4 FEMMES — Qui embrâs' les pans du ciel bleu,
                    Qui ensanglant' l'hiver tout blanc?
1 FEMME — On dirait d'la lueur qui bouge
                    Dans l'trou d'un four!
1 HOMME — Dans l'fond d'un' forge!
1 HOMME — Du nord au sud,
2 HOMMES —   dans tout l'pays,
3 HOMMES — C'est comm' les flâmm' d'un abatis!

16

5 HOMMES — Ça brûl' la nuit couleur de feu,
                   Ça teint la neig' couleur de sang!

4 FEMMES — Qui c'est don', ces band' d'habits
                                 [rouges...

5 HOMMES — Roug' comm' le feu!
                    Roug' comm' du sang!

4 FEMMES — Qui suiv' les bords du Richelieu,
                    Qui r'mont' vers le nord en tous sens?

1 FEMME — Des bancs d'fumée!

1 FEMME —   Des omb' qui bougent!

1 HOMME — Du mond' qui court,
                    El'coeur dan'a gorge!

1 HOMME — L'bruit des tambours s'rapproch' d'ici!

2 HOMMES — La troupe anglais' pâss' dans l'pays

5 HOMMES — Avec ses torch' pour mett' le feu,
                    Ses baïonnett' r'luisant' de sang!

4 FEMMES — C't encôr' l'armée des habits rouges!

5 HOMMES — C't encôr' l'année de l'hiver rouge!

CHOEUR — Roug' comm' le feu!
                Roug' comm' du sang!

À part trois hommes qui restent en haut des écha-
faudages, tous les autres descendent rapidement,
sautent par terre et courent se grouper d'un même
côté du plateau.

FEMME 1 — Ça r'commence!

FEMME 2 — C'est comm' l'année pâssée.

HOMME 1 — Encôr' le même mois d'novemb', pareil
comme l'année pâssée!

FEMME 3 — Dites-moè pas qu'ça va r'commencer!

HOMME 2 — Moè, j'ai ben peûr que l'hiver de c't'année soye aussi pire que l'aut' qu'on vient d'pâsser.

FEMME 4 — Pire encôre, peut-êt' ben.

FEMME 3 — Mon doux Jésus! Ça s'peut pas!

FEMME 2 — On peut pas r'commencer à pâtir les
mêmes miséres comme on'nn a enduré l'hiver dar-
nier!

Trois hommes sont restés accrochés dans le haut des échafaudages. Ils sonnent le tocsin, en balançant des guitares en guise de battants de cloches.

3 HOMMES — Novembre dix-huit cent trente-huit !

HOMME 3 — Les cloches ont r'commencé à carillonner dans tous les clochers.

HOMME 4 — D'église en église, de village en village, c'est l'tocsin qui s'arrête pas d'sonner.

HOMME 5 — De maison en maison le long des ch'mins, de grange en grange à travers les terres, y a la même traînée d'feu qui s'arrête pas d'tout ravager.

HOMME 3 — Bord en bord du ciel, de Saint-Charles à Laprairie, de Napierville à Châteauguay, y a toujours les mêmes gros nuag' de fumée qui finissent plus d'voyager.

HOMME 4 — Les quat' vents s'essoufflent comm' des soufflets d'forge à balayer la vaste étendue des campagnes en faisant grêler des tisons.

HOMME 5 — Partir des quat' coins d'l'horizon, jusqu'à hauteur des étoèles, on voèt monter des colonnes de lueurs rouges.

HOMME 3 — Partout su'es eaux du Richelieu...

HOMME 4 — Su'es eaux d'la riviér' Chambly...

HOMME 5 — Su'es eaux des bords du fleuve...

HOMMES 3, 4 et 5 — Partout l'incendie allume des reflets d'fournaise ardente, des grandes nappes rouges, qui flottent jour et nuit dan'a dérive du courant.

FEMME 1 — C'tait ben d'même, l'année pâssée. Y avait des soèrs, on aurait dit qu'les riviéres chârriaient du sang.

HOMME 1 — Moè, j'm'arappelle, les nuites d'hiver, des foès, ça faisait comme dans une maison quand toutes les lumiéres sont éteindues, pis qu'on laisse la porte du poêle tout grande ouverte.

HOMME 2 — Moè'tou, j'm'arappelle. J'ai vu ça, l'soèr d'après qu'y ont brûlé Saint-Charles.

HOMME 3, *sautant des échafaudages* — Dans l'nord aussi j'ai vu ça, moè, à Saint-Eustache.

FEMME 2 — Pis en haut, du côté d'Saint-Harmâs pis d'Sainte-Scholastique, y disent que ç'a été pareil.

HOMME 4, *sautant lui aussi* — Pis à Saint-Benoît aussi.

HOMME 5, *idem* — À Saint-Benoît, ç'a été pire!

FEMME 4 — À Saint-Benoît, y paraît qu'ç'a été effrayant!

FEMME 3 — L'monde avait rien faite. Y avait pas eu un seul coup d'fusil d'tiré.

FEMME 2 — Y a même une délégation d'habitants qui étaient partis pour dire qu'y s'f'rait pas une miette de résistance dan'a place.

HOMME 4 — Tous ceux qui avaient encôre des fusils pis des munitions, y s'étaient dépêchés d'les cacher.

HOMME 5 — C'tait entendu qu'on était battus d'avance. Qu'est-c' c'aurait sarvi de s'faire tuer pour rien?

FEMME 3 — L'monde attendait. Tout l'village était là, tranquille comme la mort...

HOMME 5 — Pi'es Anglais sont arrivés.

CHOEUR — Les Anglais sont arrivés!

HOMME 4 — Les régiments d'l'armée, les troupes de volontaires, el'yâbe et sa patte!

FEMME 2 — Les «loyaux»! C'est ça, l'nom qu'y s'donnent.

HOMME 4 — Toute la bande à Colborne!

FEMME 1 — Ah! lui, Colborne!...

4 FEMMES — Lui, Colborne!

HOMME 1 — Lui, l'Vieux Brûlot maudit!

CHOEUR — Le vieux maudit!

HOMME 3 — Y v'naient d'prendre Saint-Eustache pis d'toute brûler.

FEMME 3 — Y étaient cinq à six mille hommes.

HOMME 5 — Pis là, y arrivaient à Saint-Benoît.

FEMME 2 — Y a pas d'choses qu'y ont pas faites.

HOMME 4 — Y ont commencé par attraper toute c'qu'y pouvaient.

FEMME 2 — Y ont toute pris. Y ont toute volé. Y couraient après 'es animaux, pis y'es emm'naient avec eux autes.

HOMME 4 — Y vidaient les poulâillers, pis y paqu' taient ça dans des chârrettes.

HOMME 5 — Ça pâssait dans l'chemin, des grosses wâguines bourrées d'volâilles, pis toutes sortes d'affaires, pis les bœufs pis les vaches attachés, qui suivaient en arriére.

FEMME 3 — Y en a un qui avait pogné un cochon. Y y avait pâssé une corde autour du cou, pis y tirait d'ssus, pareil comme si c'avait été un chien.

HOMME 5 — J'l'ai vu, ça, moè! J'l'ai vu!

FEMME 2 — Pis l'minist' Abbott, moè aussi, j'l'ai vu, celui-là!

HOMME 3 — Celui des dindes, là?

FEMME 2 — Ouais. Y courait autour du poulâiller. Y attrapait 'es dindes, pis y essayait d'les fourrer dan'une poche.

HOMME 4 — Moè'tou, j'l'ai vu! Ça gigotait là-d'dans. Les plumes er'volaient d'tous bords et d'tous côtés.

FEMME 2 — C'est parc' qu'y voulait 'nn avoèr en vie. Mais après, ça s'débattait tell'ment, les coups d'pleumâts pis toute, les autes, y s'est mis à les tuer.

HOMME 4 — Pis y avait l'tour, el'vieux bandit! Y'es accrochait par les pattes, envoye le cou sus une bûche, pis vlang! un coup de hache! La tête er'frisait d'l'aut'bord, pis c'tait faite!

FEMME 1 — Un ministre! C'est comme leûs prêtres, à eux autes, les Protestants, ça.

FEMME 4 — Ben sûr! C'est-y pas effrayant?

FEMME 2 — En tou'es cas, y'es a apportées chez eux. Y'nn a faite g'ler. Y en avait une provision pour l'hiver. Y en mangerait t'ed ben encôre c't'année, si y avait été capab' d'les garder.

HOMME 5 — C'est comm' l'aute, Arnoldi, l'traîte, là...

HOMME 3 — Ouais, Arnoldi, l'garçon du docteur à'a prison d'Montréal.

HOMME 5 — Lui, y est tombé dans l'beûrre. Une tinette attendait pas l'aute. Y a rapporté sa provision pour jusqu'au printemps!

FEMME 3 — Toute! Y ont toute pris! Les jambons, l'beau lârd dan'es saloèrs!...

FEMME 2 — Pis parlons pas des meubles!

HOMME 4 — Chez Fortier, y sont partis avec cinq beaux lites, en bois toute travaillé.

HOMME 3 — Ça pâssait, les voètures, avec des chaises, des tabes, des commodes, des fauteuils. Y vidaient 'es maisons!

FEMME 3 — Surtout chez ceux qui étaient un peu en moyens, pis qui avaient du beau butin, comm' de raison.

FEMME 2 — Y emportaient des sacs de grain pêle-mêle avec les couvartes pis tou'es effets d'literie.

FEMME 3 — Y prenaient même el'linge que l'monde avait sur l'corps, des foès.

HOMME 5 — Y'nn a un, Forbes, moè, j'l'ai vu, y était plié en deux. Y marchait qués'ment à quat' pattes, tell'ment qu'y s'en était chargé sus l'dos.

FEMME 3 — Y en a un qui avait jusque ramâssé une guitare, pis y s'prom'nait avec ça pendu dans l'cou.

FEMME 4 — Une guitare! Imaginez-vous don'!...

FEMME 2 — Toute! Y prenaient toute!

HOMME 4 — Pis c'qu'y ont pas emporté, y l'ont brûlé!

HOMME 5 — Une foès qu'y avaient vidé une maison, y sacraient l'feu dan'es paillasses, pis y s'en allaient.

HOMME 4 — Y partaient, pis y allaient r'commencer ailleurs.

HOMME 3 — Les bâtiments, les granges, toute y pâssait.

HOMME 1 — Même l'église, y l'ont brûlée, à Saint-Benoît.

FEMME 3 — Pis avant d'mett' el'feu, y ont faite des affaires épouvantabes.

HOMME 4 — Y sont rentrés dans l'église, en hurlant comme des yâbes sortis d'l'enfer.

FEMME 1 — Les soldats, ça?

HOMME 5 — Oui, oui. Les soldats anglais des régiments britanniques!

HOMME 3 — L'armée d'not' gracieuse souveraine, sa Majesté, la reine Victoriâ!

HOMME 4 — Y sont rentrés dan'église, pis y s'sont garrochés partout pour toute saccager.

FEMME 2 — Pire que des vrais païens!

HOMME 5 — Y'nn a qui ont grimpé sus l'autel, y ont câssé les vitres des r'liquaires, pis y ont tiré toutes les reliques par terre.

HOMME 4 — Y'nn a d'autes, ça, c'est épouvantable, c'est des sacriléges à faire dresser les poèls sus l'corps! Y ont défoncé l'tabarnac', y ont pris l'ciboère en argent qui était là, y ont renversé toutes les hosties qu'y avait d'dans, y ont craché d'ssus, y'es ont j'tées sus l'plancher, pis y'es ont pilotées avec leûs pieds, en sautant comme des dâmnés.

FEMME 4 — Les hosties?

HOMME 4 — Ouais. Les hosties consacrées!

FEMME 1 — Ah! C'est effrayant!

FEMME 3 — Pis y en a qui sont allés charcher l'calice dan'a sacristie, pis savez-vous c'qu'y ont faite avec? Y ont faite leûs besoins d'dans.

FEMMES 1 et 4 — Ah!

FEMME 3 — Pis quand j'dis leûs besoins, c'est toutes leûs besoins. Pi'a même chose dans l'ciboère pis dans'es bénitiers!

FEMME 1 — Ah!

FEMME 4 — Mon Dieu, qu'c'est don' méchant!

HOMME 3 — Ouais. C'est effrayant!

FEMME 1 — Des sacriléges de même!...

HOMME 2 — Comment ça s'fait que l'bon Dieu les a pas écrâsés là, à coups d'tonnerre?

FEMME 4 — Y ont don' pas d'conscience, ces Anglais-là? Y ont pas de r'ligion?

HOMME 4 — C'est des Anglais.

FEMME 2 — C'est des protestants.

FEMME 1 — Ah, c'est épouvantabe!

HOMME 2 — D'la vraie abomination!

FEMME 2 — Y en a qui s'amusaient à piquer les hosties avec la pointe de leûs baïonnettes.

HOMME 5 — Y ont volé les ornements d'la messe, y'es ont mis, pis y ont faite toutes sortes de sima-grées, comme des farces de mi-carême, avec.

HOMME 4 — Y ont pris 'es étoles que l'prête se met dans l'cou, pis y'es ont mis dans l'cou d'leûs ch'uaux!

HOMME 1 — Y avaient faite la même chose à Saint-Charles.

HOMME 2 — À Saint-Charles, y avaient faite rentrer les ch'uaux dan'église, pis y avaient r'viré la maison du bon Dieu comme si c'avait été une étabe.

FEMME 1 — Ah, c'est effrayant!

HOMME 4 — Pis quand y ont eu fini de toute profa-ner, quand y ont eu fini d's'amuser à commett' leûs sacriléges, y ont commencé à mett' el'feu après l'autel. Pis l'église, el'presbytére, les bâtiments qu'y avait à ras, toute y a pâssé.

FEMME 4 — Pis l'bon Dieu 'es a pas punis?

CHOEUR — El'bon Dieu 'es a pas punis!

HOMME 2 — Y aurait dû les sacrer en enfer tout droète!

HOMME 4 — Y étaient là, avec leûs habits rouges, en face de l'église pis des bâtisses qui brûlaient, pis y faisaient des danses de sauvages, en poussant des cris d'mort.

FEMME 3 — Des vrais démons!

HOMME 5 — Pis Colborne, lui, pendant c'temps-là, y était installé d'l'aut' bord du ch'min, dan'a belle maison d'monsieur Girouârd, pis y était content. Y jubilait!

FEMME 2 — Y laissait toute faire ça.

HOMME 3 — C'est lui qui leû donnait 'es ordes, el' Vieux Brûlot!

4 FEMMES — Ah! l'Vieux Brûlot!

5 HOMMES — El'Vieux maudit Brûlot!

HOMME 5 — Y est resté là tant que l'feu a pas été pris partout. Y a tellement attendu pour sortir du village que, quand y a voulu prend' el'grand-ch'min, y a râsé d'brûler, lui'tou.

FEMME 2 — C'est vrai, ça. Ses ch'uaux ont eu toute el'poêl grillé.

HOMME 3 — Pas d'danger qu'y aurait brûlé, Sir John Colborne! Y aurait pas pu! El'yâbe, quand ben même qu'y s'chauffe la couenne, y brûle pas!

FEMME 3 — On pouvait suiv' sa trace, lui pis sa bande, yen qu'à voèr les maisons qui brûlaient tout au long du ch'min.

HOMME 3 — Y arrivaient queuqu'pârt. Y fessaient dan'a porte à coups d'crosses de fusils, pis tout l'monde déhors, on met l'feu!

FEMME 4 — Par cheuz nous aussi, dans l'sud, c'est ça qu'y ont faite.

HOMME 2 — C't encôre ça qu'y r'commencent à faire c't'année, tit bon Yeu d'Enfant Jésus!

FEMME 4 — Pis la maniére qu'y traitent le monde!...

HOMME 1 — Un soèr, à'a Pointe-à'a-Mule, du côté d'Saint-Valentin, y arrivent à'a maison chez Gâgnon. Vous savez ben? Lucien Gâgnon, Gâgnon l'habitant!...

Après la scène du tocsin, les trois guitares ont été laissées suspendues ou posées dans les échafaudages.

Au cours des dernières répliques, l'Homme 4 a eu le temps de reprendre la sienne. Il commence à frapper du plat de la main sur le dos de l'instrument.

Un spot s'allume, éclairant brusquement une zone de l'échafaudage. La Femme 1 s'y trouve déjà, debout parmi les tiges de fer, à deux ou trois pieds du sol: elle va personnifier madame Gagnon.

Ceux qui iront la rejoindre et se grouper autour d'elle seront: sa vieille mère, âgée de 75 ans (Femme 4), et ses quatre enfants, Médard, 14 ans (Homme 1),
> *Jules, 13 ans (Homme 2)*
> *Marie, 11 ans (Femme 2),*
> *la petite, environ 7 ans (Femme 3).*

Madame Gagnon reste donc un moment à écouter, avec une expression angoissée.

Nouveaux coups frappés au dos de la guitare.

FEMME 1, *effrayée* — Qui c'est qui est là?
HOMME 4, *gueulant* — Open!
FEMME 1 — Qui c'est qui est là?

Les Hommes 3 et 5 ont eux aussi attrapé leurs guitares. Ils vont former un groupe avec l'Homme 4.
Ces trois comédiens, qui se tiendront dos aux spectateurs, vont illustrer d'une façon sonore, par des bruits sur les guitares, des cris, des ordres lancés en anglais, l'invasion de la maison par les soldats.
On doit avoir l'impression qu'ils sont plusieurs à marteler la porte à coups de crosses de fusils.

HOMME 3 — Open the door!
HOMME 5 — I'll break it!

*La Femme 4, incarnant la vieille mère, arrive à côté
de sa fille, suivie des quatre enfants.*

FEMME 4 — Mon doux Seigneur! Les Anglais!
HOMME 1 — C'est les habits rouges, mâman.
FEMME 2 — Les soldats!
HOMME 2 — C't eux autes! Les soldats anglais!
FEMME 1 — Je l'sais ben.

*Les trois autres hommes continuent à faire du bruit
et à gueuler.*
*Il faut créer une impression d'agitation, de confu-
sion, de brutalité. Les soldats crient presque tous
en même temps.*

HOMME 3 — Come on!
HOMME 5 — Break it!
HOMME 4 — Look out!
FEMME 1 — Qu'est-c' c'est qu'vous voulez?
HOMME 3 — By the name of the Queen, open the
door!
HOMME 4 — He must be there.
HOMME 5 — Let's break that bloody door!
HOMME 4 — Goddam! We'll get him.
HOMME 3 — Hurry up!
HOMME 5 — Again! Right there.
FEMME 1 — Une minute!... Attendez!
HOMME 1 — Y vont défoncer 'a porte.
FEMME 4 — T'es-t-aussi ben d'leûs ouvrir, ma fille.
FEMME 1 — Sont capabes de toute câsser... (*Aux
soldats.*) Attendez!
FEMME 3 — J'ai peûr, memére!
FEMME 4 — Viens icite, à ras moè, mon tit enfant.

*Se frayant un passage à travers les barres des écha-
faudages, madame Gagnon va ouvrir la porte.*

Ce sont les réactions, le jeu de la famille envahie, qui nous font voir la horde des soldats.
Les femmes et les enfants sont brutalement repoussés, bousculés.

HOMME 3 — Get in!

HOMME 4 — Where is he?

FEMME 1 — Qu'est-c' c'est qu'vous voulez?

HOMME 3 — Where is Gagnon?

FEMME 1 — Si c'est mon mari qu'vous charchez, y est pas icite.

HOMME 5 — We'll find the bastard!

HOMME 3 — Look in every corner!

FEMME 2 — Qu'est-c' qu'y font?

HOMME 1 — Y doèvent penser que l'pére se cache dan'a maison.

HOMME 4 — Where is he?

FEMME 1 — Vous avez pas besoin d'virer tout à l'envers ici-d'dans. J'vous dis qu'y est pas icite.

FEMME 4 — Ça sert à rien d'leû parler, y t'comprennent pas.

HOMME 5 — Shut up, you old bitch!

FEMME 1 — Mon mari, y est parti. Ch'us tut seule dans'a maison, avec ma mére pis mes huiz enfants.

HOMME 1 — Eh! câssez pas toute, bande de sauvages! *(Il reçoit un coup.)* Aye! oye!...

FEMME 1 — Laisse-les faire, Médârd. Autrement y vont s'venger.

FEMME 4, *maugréant* — Des vrais chiens enragés! Sont ben capabes de fesser sus l'monde.

FEMME 3 — J'ai peûr!

FEMME 2 — Y vont-y nous faire mal, mâman?

FEMME 3 — J'ai peûr, memére!

FEMME 1 — Grouillez pas, 'es enfants. Laissez-les fouiller. Si y veulent charcher, qu'y charchent!

HOMME 2 — Y vont toute déboêter 'a maison!

FEMME 2 — Pourquoè c' qu'y vident les armoères?

FEMME 4 — Ça a-t-y du bon sens, j'ter l'butin par terre de même? *(S'avançant vers les soldats, furieuse.)* Même si vous en avez après mon gendre, pensez-vous qu'vous allez l'trouver dans l'fond d'un tiroèr?

HOMME 5 — Get off!

FEMME 4 — Aye! oye! *(Elle vient de recevoir un coup de crosse de fusil qui lui a brisé l'épaule.)*

FEMME 2 — Memére!

FEMME 3 — Mâman, j'ai peûr!

HOMME 1 — Sauvages!

FEMME 1 — Vous avez pas honte? Fesser sus une vieille femme de soèxante-quinze ans, avec des crosses de fusils, d'même?

HOMME 2 — Y vous ont-y faite ben mal, memére?

FEMME 4 — Ah! J'ai ben peûr qu'y m'ayent toute démanché 'a palette d'l'épaule.

HOMME 1 — Maudits Anglais sauvages!

FEMME 1 — Tais-toè, Médârd. Excite-les pas, ça va êt' pire.

HOMME 4 — He is not in that room!

HOMME 5 — I've looked in every goddam place!

FEMME 4 — Ah! mon vieux pére el'disait ben, lui qui avait vécu 'a guerre du temps des Français: «Les Goddons, c'est pire que l'yâbe!»

HOMME 4 — Let's go upstairs!

HOMME 3 — Come with me!

HOMME 2 — Y montent dans l'grenier.

FEMME 1 — Laisse-les aller. Qu'est-c' tu veux qu'y fassent de pire qu'icite, en bas?

HOMME 1 — Vous pardez vot' temps pis vot' peine. Mon pére, y est pas icite.

HOMME 3 — Take him!

HOMME 4 — Where is he?

HOMME 5 — You dirty bastard!

HOMME 4 — I swear you'll tell me!

En un moment, Médard, l'Homme 1, se trouve cerné, garotté. Il est écrasé contre une tige de fer, comme un saint Sébastien lié à son poteau.

HOMME 1 — Qu'est-c' que vous voulez?... Aye! oye! *(On le frappe, et il accuse les coups chaque fois.)*
FEMME 1 — Médârd! Faites-y pas mal!
HOMME 3 — Where is he?
HOMME 4 — Where is Gagnon?
HOMME 5 — Where is your bloody father?
HOMME 1 — Aye! oye!... Je l'sais pas!... Aye! oye!...
FEMME 2 — Mâman, y vont l'tuer!
FEMME 1 — Lâchez-lé!... Arrêtez!... Aye! oye!
HOMME 3 — Where is he?
HOMME 1 — Aye! oye!... Je l'sais pas.
HOMME 4 — Where is your father?
HOMME 1 — Je l'sais pas. Aye! oye!...
HOMME 5 — Tell me where is your bloody father!
HOMME 1 — Aye! oye!... Aye! oye!...

Il reçoit des coups de poings, des coups de pieds. On le frappe avec des crosses de fusils, on lui pique les côtes avec des baïonnettes.

FEMME 1 — Bonne sainte Viarge!... Vous allez toujours ben pas me l'tuer? Médârd!...
HOMME 1 — Aye! oye!... Je l'sais pas! J'sais rien... Aye! oye!
FEMME 4 — Varger sus un enfant d'treize ans! C't-y Dieu possibe?
HOMME 1 — Aye! oye!...
HOMME 2 — Lâchez-lé! lâchez-lé don'... Aye! oye!... Aye! Aye!... Aye!...

Jules Gagnon, l'Homme 2, a voulu se porter à la défense de son frère aîné. Il vient de recevoir plusieurs coups de baïonnette.

FEMME 1 — Mon Dieu!...

FEMME 2 — Ça saigne!

FEMME 1 — Jules, mon tit garçon!...

FEMME 4 — Viens icite, m'as t'env'lopper l'bras pour arrêter l'sang.

HOMME 1, *recevant encore un coup* — Aye! oye!...

FEMME 1 — Arrêtez!... Arrêtez, Messieurs les Anglais!... Vous êtes toujours ben pas pour me tuer mes enfants? Tâchez d'avoèr un peu d'pitié!

HOMME 1 — Aye! oye!...

HOMME 3 — Stop that! Leave him.

HOMME 4 — Nobody in there!

HOMME 5 — It's empty upstairs.

HOMME 4 — We're wasting our time.

HOMME 3 — Let us go. Take them out!

Tous les membres de la famille Gagnon sont bousculés. Ils vont être chassés hors de la maison.

FEMME 2 — Eh! lâchez-moè!

FEMME 4 — Voyons! qu'est-c' qu'y ont à pousser d'même?

HOMME 2 — Qu'est-c' qu'y veulent, don'?

FEMME 1 — Qu'est-c' c'est qu'vous voulez?

HOMME 3 — Get out!

FEMME 1 — Quoè?

HOMME 3 — Get out of here!

FEMME 4 — Qu'est-c' qu'y disent?

HOMME 3 — Out!

HOMME 5 — Move up, you!

HOMME 4 — Quick!

HOMME 1 — Y veulent nous faire sortir d'la maison.

FEMME 2 — Eh! Y nous mettent déhors?

HOMME 3 — Get out!

FEMME 3 — Où c'qu'on va, mâman?

HOMME 2 — On est cheuz nous icite!... Aye! oye!...

FEMME 4 — À quelle place que vous nous emm'nez?

HOMMES 3, 4 et 5 — Out!

FEMME 1 — Mais laissez-nous l'temps d'nous habiller!

HOMMES 3, 4 et 5 — Out!

FEMME 4 — Laissez-nous l'temps d'prende queuqu' chose à nous mett' sus l'dos!

HOMMES 3, 4 et 5 — Out!

FEMME 4 — C'est l'mois d'novembe. Y fait fret déhors.

FEMME 1 — Ah, ben! laissez-moè mon châle! C'est pour envelopper le p'tit.

HOMME 3 — Get out!

HOMME 1 — Aye! lâche mon capot, toè!

FEMME 3 — Mâman! Y m'déshabillent!

FEMME 4 — Laissez-nous au moins l'butin qu'on a sus l'corps.

HOMME 4 — Get out!

HOMME 2 — Eh! mon soulier!... Aye! oye!

FEMME 2 — C'est toute g'lé déhors. On peut pas rester en pieds d'bas!

FEMME 1 — C'est des enfants, M'sieur l'Anglais. Y vont prende du mal.

HOMME 5 — Out!

FEMME 1 — On est dans l'mois d'novembe.

FEMME 2 — C'est qués'ment en hiver.

FEMME 4 — Envoyez-nous pas traîner 'es ch'mins, la nuite de même, en que'd'chemise!

HOMMES 3, 4 et 5 — Out!

HOMME 1 — Aye! oye! maudit sauvage!

FEMME 4 — C'est des enfants. Tâchez don' d'avoèr un peu d'cœur!

FEMME 1 — Mais j'vous l'demande par charité, pour l'amour du bon Dieu!...

HOMME 3 — Get out!

HOMME 4 — Get out!

HOMME 5 — Get out!

HOMMES 3, 4 et 5 — Out!

Toute la famille se trouve rejetée hors de la maison:
la mère, avec un bébé dans les bras,
la grand-mère, qui a l'épaule disloquée,
Médard, qui a été battu,
Marie, avec Jules,
qui a reçu des coups de baïonnette
et la petite, qui s'accroche aux jupes
de sa grand-mère.
Ils ont été entraînés, poussés vers la porte.
Ils sont bousculés en bas des échafaudages et tom-
bent sur le pavé, au niveau du plateau.
La famille entière se regroupe face au public et en-
tonne un nouveau couplet de la complainte initiale.
Ils vont partir lentement, errant autour des échafau-
dages.
Les trois autres, qui ont fait les voix anglaises, après
avoir pris le temps de se débarasser de leurs guitares,
se joindront à eux, et tous se fondront dans un même
chœur.

2 HOMMES et 4 FEMMES —

Sont arrivés chez nous, y nous ont pris nos hardes,
Y nous ont mis déhors, de par tout le pays.
On a pus rien sus l'dos, on vient just' de tout parde,
La nuit, c'est not' maison qu'a ni port' ni châssis.

CHOEUR —

Courant les ch'mins glacés, dans les frets de novembe
Faut quêter not' abri de par tout le pays.
On va pâtir c't hiver, à trembler d'tous nos membes,
C'est la faute aux Anglais, pis tout l'mond' les hayit.

Ils ont reformé un chœur d'habitants évoquant les
horreurs de la répression militaire commandée par
Colborne.

HOMME 3 — C'tait partout pareil.

32

HOMME 4 — Envoye! déshabille!...

HOMME 5 — Arrache el'linge, pis déhors!

FEMME 2 — Déhors, avec les enfants su'es bras!

HOMME 2 — Déhors, à s'sauver, à s'cacher, à marcher nu-pieds su'a terre g'lée!

FEMME 3 — Une place, chez Benjamin Maynârd d'la côte Saint-Jean, sont arrivés dan'a maison, pis, sa femme, a' v'nait just' d'avoèr eu un enfant deux jours avant, pis a'était pas encôre er'levée.

FEMME 2 — Ben, y y ont arraché son lite en d'ssours d'elle, pis y l'ont tell'ment épouvantée, la pauv', que ça y a toute er'viré 'es sangs, pis a'est morte el'lend' main.

HOMME 3 — Pis pendant c'temps-là, les soldats fouillaient partout. Y charchaient dan'es caves où c'qu'y pourraient ben trouver d'la boèsson.

HOMME 4 — Y'nn a eu d'même qui s'sont tell'ment saoulés, qu'les aut' ont mis l'feu, pis y s'en sont pas aparçus.

FEMME 3 — Pis y ont brûlé avec les bâtisses!

FEMME 2 — L'monde en a r'trouvé après, dans'es rest' d'leûs maisons. Des ôss'ments d'soldats anglais. Toutes brûlés!

HOMME 2 — Ben bon pour eux autes!

FEMME 4 — Oui. Ben bon!

CHOEUR — Ben bon! Ben bon pour eux autes!

4 FEMMES — C'est d'leû faute, si y a tant d'pauvre monde dan'a misére!

5 HOMMES — C'est d'leû faute, si y'nn a encôre tant d'autes qui vont r'commencer à pâtir, l'hiver de c't' année!

CHOEUR — C'est d'leû faute, si'es habitants du Bâs-Canadâ ont pus d'aut' chose à faire que de s'laisser dépouiller pis d'manger d'la misére!

FEMMES 1, 3 et 4 — Nous autes, c'est pus yen qu'ça qu'y nous reste à faire: courber 'a tête, pis endurer tou'es malheurs qui pâssent sus l'pays.

La Femme 2 s'est détachée des autres et elle a eu le temps de se percher sur un des barreaux de l'échafaudage.
L'éclairage s'allume sur elle.

FEMME 2 — Non! C'pas vrai! Pas moè! J'me sus pas laissé faire, moè.

HOMME 3 — Qui c'est, ça?

HOMME 4 — Qui c'est, çalle-là?

FEMME 2 — Mon mari, moè, y courait 'es campagnes, pis y ramâssait du monde pour aller s'batt' cont' les Anglais.

FEMME 3 — C'est qui, ça?

FEMME 2 — Y faisait l'tour des maisons. Tous ceux qui étaient capabes de porter un fusil, y partaient avec lui. Une brique de lârd, un morceau d'pain dans' une poche au bout' d'un bâton, pis envoyez, v'nez-vous-en! Si y'nn avait qui r'gimbaient, y'es emm'nait d'force. Pour enrôler des Patriotes de même, c'tait lui l'plus zélé. Y'nn avait pas comm' Chèvrefils! Pis ça, les Anglais l'savaient.

FEMME 4 — C'est la femme à Chèvrefils.

HOMME 1 — Ignace Chèvrefils?

HOMME 2 — Ouais. Gabriel-Ignace Chèvrefils, du côté d'Sainte-Martine, dans Beauharnoès.

FEMME 2 — Ça fait qu'un jour qu'y voulaient s'venger, y arrivent à 'a maison. Toute une bande de volontaires bureaucrates! Y s'mettent à varger dan'a porte: «Sortez, on vient mett' el'feu!» Moè, j'pogne ma tite fille de huit mois, qui criait dans son ber, toute épeûrée, j'm'ar'cule cont' el'mur d'la ch'minée, pis j'leû dis ben sec: «Non, j'sors pas!» Les v'là qui s'mettent à hurler comme el'beau yâbe: «Âte! Guidâte!...»

Moè, j'bronche pas. Y'nn a qui avaient des espèces de torchettes allumées. Y m'cryent de sortir, qu'y vont brûler 'a maison. Moè, j'rest' là. J'les r'gârde en pleine face. pis j'leû dis: «Vous pouvez ben mett' el'feu si vous voulez. Moè, j'sors pas d'icite. Si vous brûlez 'a maison, vous allez m'brûler avec!»

HOMME 2 — Ça, c'est ben elle.

FEMME 4 — A'était ben capabe d'leû répond' de même.

HOMME 2 — Elle, el'yâbe en parsonne y f'rait pas peûr.

FEMME 2 — J'dis pas qu'par en d'dans, j'sentais pas 'a peau du vente qui m'tremblait un tit peu. Mais ça fait rien. J'avais pas fret aux yeux, pis j'tais ben décidée à pas bouger pluss qu'une pout' dans l'plafond. Y'nn a qui continuaient à crier: «Guidâte! Guidâte!...» Pis y asseyaient de m'faire peûr en faisant comme si y étaient pour tirer leûs torchettes dan'a maison. Mais y'nn avait un parmi eux autes, un bureaucrate anglais, qui nous connaissait ben, moè pis mon mari. Lui, y savait que quant' j'ai queuqu'chose dan'a tête, je l'ai pas dan'es pieds, pis qu'si j'avais dit que j'restais là, y avait pas d'feu qui s'rait capabe de m'faire sortir. Moè, j'avais ma tite fille dan'es bras, j'la serrais sus moè, pis j'continuais à les r'gârder, eux autes, avec des yeux qui auraient pu rallumer leûs torchettes si l'vent 'es avait éteindues. Ça fait qu'là, lui, qui m'connaissait, y s'est mis à leû parler pis à leû dire en anglais queuqu'chose comme: «Si alle a dit qu'a'était pour rester là à brûler avec la maison, a'est ben capabe de l'faire.» Moè, j'pouvais pas comprend' ben, ben c'qui s'disait, mais j'ai vu qu'y restaient là à parlementer. Y ont virâillé encôre une tite es'cousse alentour d'la maison. Pis y ont fini par er'partir avec leûs torchettes, sans même avoèr brûlé une fourchée d'pâille.

C'est comme ça que j'les ai r'çus, 'es Anglais, moè! J'ai eu chaud, mais j'me sus pas laissé dompter. J'ai réussi à sauver ma maison. Pis à c't'heure qu'y m'ont arrêté mon mari, l'pauvre homme, moè pis mes enfants, on a toujours ben encôre une place pour rester, une couvarture au-d'ssus d'la tête, pis des bons murs solides pour nous protéger cont' l'hiver. Ça fait qu'j'ai pour mon dire que, si on veut qu'y nous reste une chance de s'sauver 'a peau pi'es os, d'abord faut commencer à pas s'laisser manger 'a laine sus l'dos.

Le spot qui éclairait la Chèvrefils s'éteint.
La Femme 2 va descendre de l'échafaudage et venir reprendre sa place dans le groupe, avec les autres.

5 HOMMES — C'est ben vrai qu'à chaque foès qu'on a montré 'es dents...

4 FEMMES — Chaque foès qu'on a pas voulu s'en laisser imposer...

HOMME 1 — Si y ont réussi à prend' avantage sus nus autes, c'est toujours parc' qu'y étaient pluss de monde.

HOMME 4 — Comment ça, pluss de monde?

HOMME 5 — Quand on r'gârde el'pays, on voèt ben qu'y a pluss de Canayens que y a d'Anglais.

HOMME 1 — J'veux dire qu'eux autes, y étaient pluss de monde quand y avait des batâilles.

HOMME 4 — Mais si, nus autes, on s'était mis toutes ensemb', c'est nus autes, là, qui auraient été pluss.

HOMME 2 — Eux autes, y avaient des soldats en masse.

HOMME 1 — Des vrais soldats, ben entraînés.

HOMME 2 — Des soldats qui étaient habitués, qui avaient d'jà faite la guerre.

HOMME 3 — Y'nn a là-d'dans qui s'étaient battus dan'es vieux pays.

HOMME 2 — Y'nn a même, dans l'temps, qui avaient d'jà faite les guerres cont' les armées d'Napoléon.

HOMME 3 — Pis y étaient toutes ben armés.

HOMME 1 — Y avaient des fusils.

HOMME 2 — Des bons fusils neûs !

HOMME 3 — Des vrais fusils !

HOMME 1 — Y avaient des canons !

HOMME 3 — Tandiss que, nus autes...

HOMME 4 — Ça, nus autes, on'n avait pas, d'armes.

HOMME 5 — Yen qu'des pieux.

HOMME 4 — Des bâtons pis des piquettes.

HOMME 3 — Ou ben des fourches.

HOMME 1 — Les quéqu'-uns qui avaient des fusils, c'taient des vieux fusils à pierre, qui partaient même pas un coup sus trois.

HOMME 5 — Y'nn avait là-d'dans, c'taient des fusils du temps des Français, qu'on a réussi à cacher quant' les Anglais ont pris l'pays pis qu'y ont couru 'es campagnes pour désarmer tou'es Canayens.

HOMME 1 — On avait pas d'armes, pis on était pas préparés. C'est pour ça qu'on a pas réussi.

5 HOMMES — C'est ben pour ça !

CHOEUR — C'est vrai qu'c'est pour ça !

HOMME 4 — Ben, oui, cré maudit ! Une révolution, ça s'prépare. Qu'est-c' c'est qu'on a toujours attendu pour s'préparer ?

HOMME 3 — On était pas prêts. Ça fait que, quant' les Anglais sont arrivés à Saint-Charles, pis à Saint-Eustache, avec leûs fusils pis leûs canons...

HOMME 2 — Quant' leûs régiments d'soldats nous attendaient à Napierville pis à Odelltown...

HOMME 1 — Pis qu'y étaient trois foès pluss que nus autes...

HOMME 2 — Des foès même qu'y étaient à dix contre un !

HOMME 3 — Ben, on avait beau avoèr pas fret aux yeux...

HOMME 5 — Parc' qu'on peut pas dire... Si y'nn a eu qui ont eu 'a chienne, c'est pas souvent qu'c'a été parmi nus autes.

FEMME 1 — Nos hommes, y ont été braves.

FEMME 2 — Nos hommes, y avaient pas peûr.

FEMME 3 — Nos hommes, y étaient parés à nous défende.

FEMME 4 — Nos hommes, y étaient parés à s'batt' comm' des lions.

4 FEMMES — Comme des lions !

Les quatre femmes vont rester groupées au niveau du plateau. Elles pourraient prendre les guitares et, avec leurs mains ou des baguettes feutrées, taper sur les caisses, comme une charge de tambours et des bruits de fusillade, pour scander la scène de bataille que vont jouer les hommes.

2 HOMMES — Ça fait assez longtemps qu'on endure : on veut avoèr nos droèts !

3 HOMMES — On veut avoèr nos droèts !

5 HOMMES — On veut avoèr nos droèts !

Les hommes se sont lancés à l'assaut des échafaudages. La scène suivante va se jouer entre eux. Il s'agit d'évoquer dans une même large fresque héroïque diverses batailles livrées par les Patriotes. Pour cela, les acteurs devront se déplacer sur les barreaux de fer, voyageant d'un côté à l'autre, montant et descendant à différents niveaux, se groupant suivant les besoins de l'action évoquée, de manière à meubler en hauteur tout l'espace scénique et à suggérer le mouvement et l'animation des combats.

HOMME 1 — L'temps des discours est passé !

HOMME 2 — À présent, c'est du plomb qu'il faut envoyer à nos ennemis !

HOMME 3 — Le jour est arrivé de fondr' nos cuillers pour en faire des balles!

HOMME 4 — Maint'nant qu'la bastringue est commencée, dépêchons-nous d'prendr' notr' place dans la danse!

(Act out?)

Ces répliques rappellent les propos lancés par le docteur Côté, Wolfred Nelson et T.S. Brown.

Au cours de la scène suivante, on trouvera entre parenthèses les noms des personnages historiques à qui sont empruntées plus ou moins littéralement certaines phrases.

HOMME 1 — Qu'est-c' t'es v'nu faire icite, Forgette?

HOMME 5 — Ch'us v'nu m'batt' pour mon pays. *(Charles Forget.)*

HOMME 2 — Y fait fret. El'ciel est gris. C't un bon temps pour se batte!

HOMME 3 — Les v'lont!

HOMME 4 — Les v'lont qui arrivent!

5 HOMMES — Les v'lont, les habits rouges!

HOMME 2 — Cinq compagnies d'fusilliers pis un détach'ment d'caval'rie à Saint-Denis!

HOMME 3 — Quatr' cents soldats réguliers pis deux canons à Saint-Charles!

HOMME 4 — Quatr' cents miliciens volontaires à Moore's Corner!

HOMME 5 — Une compagnie d'volontaires, cent vingt hommes de caval'rie, neuf pièces d'artill'rie, pis deux mille combattants d'infant'rie à Saint-Eustache!

HOMME 2 — Sont dix foès pluss que nus autes, Docteur Chénier.

HOMME 1 — Ça fait rien, moi, j'me rendrai pas. J'suis décidé à mourir les armes à la main plutôt! Pis c'est pas la peur d'y rester qui va m'faire changer d'idée. *(Docteur Chénier.)*

HOMME 3 — Y a pas assez d'fusils pour tout l'monde, Docteur Chénier.

HOMME 4 — Qu'est-c' qu'on va faire, Docteur Chénier?

HOMME 1 — Soyez tranquilles, mes amis. Y va y en avoir de tués. Vous prendrez leurs fusils.

HOMME 5 — Envoyez, les gars! Préparez-vous l'canayen, pis manquez pas vot'coup!

HOMME 2 — Les v'lont, les habits rouges!

HOMME 3 — Les Anglais. les v'lont!

HOMMES 4 et 5 — Les v'lont!

5 HOMMES — Les v'lont!

Pendant la réplique suivante, on entend le bonhomme Laflèche, qui récite un Ave Maria.

HOMME 5 — Eh, pére Laflèche! Vous êtes aussi ben d'lâcher vot'chap'let, pis d'pogner vot'fusil. V'là 'es habits rouges!

HOMME 2, *qui fait Laflèche, en finissant calmement —* ...pauvres pécheurs, maintenant et à l'heure de notre mort. Ainsi soit-il. Où c'est qu'y sont?

HOMME 5 — Là. R'gârdez... Quins! Y'nn a deux qui courent en avant des autes là-bas.

HOMME 2, *Laflèche, se rendant à la fenêtre et criant à tue-tête —* Hue-don! *(Il tire.)*

HOMME 3 — En v'là un qui vient d'tomber raide mort!

HOMME 2, *Laflèche —* Pis l'aute f'ra pas vieux os non plus! *(Il tire encore.)*

HOMME 1 — Fais attention, Minette! Montr'-toè pas trop dans l'châssis!

HOMME 4, *Pierre Minet, se penchant pour tirer —* Quins! Encôre un aute!... Ah!... *(Il s'écroule, frappé d'une balle.)*

HOMME 1 — Y l'ont tué, les maudits!

HOMME 5 — Eh! Pierre Minette vient de s'faire tuer!

HOMME 2, *Laflèche —* Ah!... m'as leû faire payer ça, moè *(Il tire.)*

HOMME 3 — Eh! vous autes, les jeunes! Chargez-moè un fusil pendant que j'tire avec l'aute. Pis j'vous pâsse un papier qu'j'en manqu'rai pas souvent. *(David Bourdages.)*

HOMME 1 — Un coup, une balle, pis un Anglais par terre!

HOMME 5 — Eh, Viger! T'es trouves pas beaux, les deux officiers qui marchent sus l'devant, avec leûs plumettes? *(Lambert.)*

HOMME 4 — Envoye! Choisis ton homme, Lambert. Moi, j'prends les plumes blanches. *(Bonaventure Viger.)*

HOMME 5 — C'est bon. Moè, j'prends les plumes rouges. *(Lambert.)* *(Ils tirent.)*

HOMME 4 — Et en v'là deux autes sus l'cârreau! *(B. Viger.)*

HOMME 5, *Lambert, recevant une balle dans son chapeau* — Ah! vous m'gâtez mon chapeau? Ben, vous allez payer pour!

HOMME 3 — Quins! Encôre un aute avec sa mèche en l'air!

HOMME 2 — Ah! les enfants d'chienne!... J'les laiss' rai pas l'faire partir, leû maudit canon, moè.

HOMME 3 — Sitôt qu'y'nn a un qui s'amène pour allumer 'a mèche, bang!, tire dessus!

HOMME 2 — Quins! Ça fait l'troisième.

HOMME 3 — Moè, m'as m'rend' à dix, pis là j'm'arrête un tit brin pour allumer une pipe.

HOMME 5, *Charles Forget, recevant une balle au-dessus de la tête* — Ah! cré yé!

HOMME 1 — Eh! Forgette! Tu viens d'râser proche, toè, là!

HOMME 4 — Y a une balle qui a pâssé à travers la tuque bleue d'Charles Forgette!

HOMME 5, *Charles Forget* — Une belle tuque neuve en laine du pays! Attendez! Guettez-vous ben, mes maudits! *(Il tire.)*

HOMME 1 — Moè, j'ai jamais eu autant d'plaisir de ma vie! *(Docteur Joseph Allaire.)*

HOMME 3, *isolé, directement au public* — J'sais pas combien ça fait que j'tue, mais j'ai pas l'moindrement de r'mords. J'épaule mon fusil, pis j'tire! Venger les affronts, les injustices, renverser les despotes, écrâser la tyrannie, c'est des mots, tout ça. Des beaux mots, des grands mots, mais des mots. Tandiss que l'plaisir de coucher un Anglais en joue, de l'enligner dans sa mire, de tirer d'ssus, pis de l'descendre, ça, c'est un plaisir... un plaisir qui s'dit pas! *(Notaire Philippe-Napoléon Pacaud.)*

Après cette brève apostrophe au public, l'action de la bataille reprend.

HOMME 2 — Y racheuvent de démolir el' pignon, avec leû dâmné canon!

HOMME 4 — Moè, c'aurait pas été d'ma femme, ch' tais tout fin mort à l'heure qu'y est. *(Pagé.)*

HOMME 5 — Qu'est-c' tu dis, Pagé?

HOMME 4 — Quant' ch'us parti à matin, ma femme m'a faite mett' une main d'papier sus l'estomâc, comme un cataplasse. Ben, y vient just' de m'pâsser une balle bord en bord en travers el'papier. Trois feuilles de moins, j'l'avais dan'a couenne, pis ch'tais fini. *(Pagé.)*

HOMME 2 — Eh! l'mur est en train d'débouler!

HOMME 1 — Descendez en bas, les amis. On va êt' moins en danger.

HOMME 3 — El'presbytére est en feu!

HOMME 5 — C't un poèle qui a été renvarsé!

HOMME 4 — El'vent pousse ça par icite!

HOMME 3 — Ça commence d'jà à fumer!

HOMME 2 — Docteur Chénier, on va êt' pognés ici-d'dans, comme des guêpes qui brûlent dans l'nique!

HOMME 5 — Faut sauter par les châssis!

HOMME 1 — Suivez-moi! On va essayer d'sortir... *(Docteur Chénier.)*

Les cinq hommes sautent, s'élancent sur les barreaux en se retenant aux tiges de fer. Ils tentent une sortie.

Les femmes battent la charge et la mitraille sur les caisses des guitares.

Les hommes s'écroulent un à un. Certains tentent de se relever en s'accrochant aux barres métalliques, une couple d'entre eux réussissent à épauler leurs fusils encore une fois avant d'être frappés à nouveau... Une dernière décharge qui fauche tout le monde.

Les femmes battent la marche de deuil sur les guitares, comme sur des tambours voilés.

HOMME 2 — Ça fait rien. J'meurs pour ma patrie!

HOMME 4 — J'meurs pour les Patriotes!

HOMME 1 — J'meurs pour mon pays!

HOMME 3 — J'meurs pour l'indépendance!

HOMME 5 — J'meurs pour la Libarté!

Ils sont tous morts, renversés sur les barreaux de fer, pendant comme des pantins désarticulés.

Un temps de silence.

Les quatre femmes se tournent vers le public et entonnent l'air de la complainte.

4 FEMMES —
Quand nos homm' sont partis pour livrer la batâille,
Fair' la guerre aux Anglais de par tout le pays,
Avec leûs vieux fusils, y tiraient la piétâille,
El'sang des habits roug' a rougi les taillis.

Mais les canons, hélâs! sont plus forts que l'courage,
Les Anglais ont gâgné de par tout le pays.

Aussitôt leû vengeance a frappé avec rage
Contre les survivants, contre les morts aussi.

Y'avaient tu-é Chénier, y'ont rouvert ses entrâilles,
Y'ont trimbalé son cœur de par tout le pays:
Son pauv' cœur de héros a pas r'çu d'funérâilles,
Au bout d'un' baïonnett', tout son sang a r'jailli.

Quand nos homm' sont r'venus, y manquait les plus
[braves.
Y'en a ben qui sont morts de par tout le pays.
Y'ont sacrifié leû vie pour briser nos entraves,
À nous la libarté, si y'avaient réussi!

*Les hommes se redressent et sautent vivement sur le
plateau pour se joindre au chœur des femmes.
Ils reprennent tous l'air du dernier vers.*

CHŒUR — À nous la libarté, si 'on avait réussi!

*Après cette espèce de cri lancé directement au pu-
blic, ils se remettent à discuter entre eux.*

5 HOMMES — Mais y avait tant d'monde qui était conte!
4 FEMMES — Y avait tant d'monde qui avait peûr!
CHŒUR — Y avait tant d'monde qui avait des intérêts!
HOMME 1 — Ah! tout l'monde était pas pour les Patriotes.
HOMME 2 — Ben, non! Ça, c'aurait été ben qu'trop
beau!
4 FEMMES — Y avait tant d'monde qui avait peûr!
5 HOMMES — Y avait tant d'monde qui avait des intérêts!
HOMME 3 — À commencer par l'évêque.
HOMME 2 — Ah, oui! lui, l'Monseigneur!...
HOMME 3 — Monseigneur Lartigue, l'évêque de
Montréal!

Y'a deux hivers qu'on en gardera la mémoère
Pour longtemps, bien longtemps de partout le pays.

C'tait ben d'même, l'année pâssée.
Y avait des soèrs, on aurait dit
que les rivières charriaient du sang.

Arrêtez, Messieurs les Anglais !...
Vous êtes ben toujours pas pour me tuer mes enfants ?

Les v'lont qui arrivent!
Les v'lont, les habits rouges.

Ça faisait ben du monde qui avait peûr !
Ça faisait ben du monde qui était conte !
Ça faisait ben du monde qui avait des intérêts.

Des traîtes !
Pis des traîtes !
Pis encôre des traîtes !
Toutes des traîtes !

Parc'qu'y'nn a qui s'sont sauvés !
Y ont réussi à s'sauver, eux autes !

Nos hommes sont en prison!
Nos hommes sont dan' es cachot

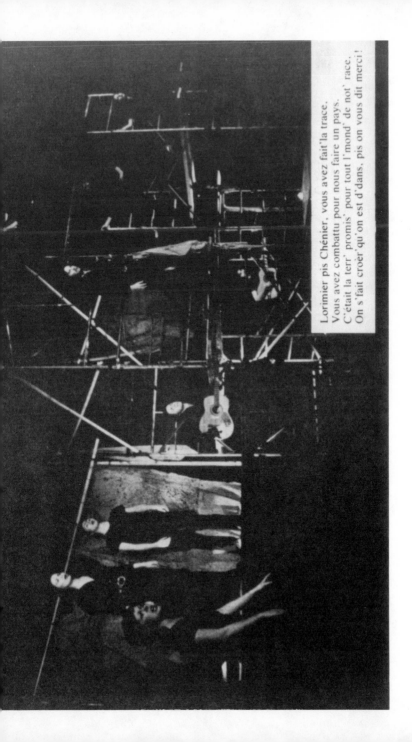

Lorimier pis Chénier, vous avez fait'la trace.
Vous avez combattu pour nous faire un pays.
C'était la terr' promis' pour tout l'mond' de not' race,
On s'fait croèr'qu'on est d'dans, pis on vous dit merci !

LA COMPLAINTE
DES HIVERS ROUGES

Paroles et musique de Roland Lebage

HOMME 4 — Lui, qui s'est mis à nous lancer ses mand'ments par la tête!

HOMME 5 — Pis l'dimanche, au beau milieu d'la messe, el'curé était ôbligé d'nous lire ça en chaire.

Pendant les dernières répliques, les quatre femmes sont allées se grouper derrière l'échafaudage. Elles vont chanter en sourdine, pianissimo, le Veni Creator Spiritus *pendant toute la scène suivante.*

L'Homme 1 aura grimpé dans les échafaudages et lira le mandement de l'évêque, en se tenant dos au public, tourné vers le groupe des femmes. Sa voix sera remplie d'onction ecclésiastique. Il parlera du bout des lèvres: une articulation très cléricale, où les «r» roulent légèrement, très liquides et de la plus belle eau.

On pourrait braquer sur lui un spot découpant une ogive lumineuse, multicolore, comme un rayon de soleil tombant d'un vitrail.

HOMME 1 — «On voit partout les frères s'élever contre leurs frères, les amis contre leurs amis, les citoyens contre leurs concitoyens, et la discorde, d'un bout à l'autre de la province, semble avoir brisé les liens de la charité qui unissait entre eux les membres d'un même corps, les enfants d'une même Église, du catholicisme qui est une religion d'amitié...»

Les quatre autres hommes ont écouté en donnant des manifestations d'impatience et de mauvaise humeur. Vers le milieu de la réplique, l'Homme 2 s'est mis à parler.

HOMME 2 — Nous autes, à Saint-Charles, quand on a entendu ça, tou'es hommes sont sortis en déhors d'l'église en bougonnant.

Les quatre hommes se font en effet des signes de tête et se retirent à l'écart, vers un autre bout du plateau.

La suite de la scène va se dérouler sur trois plans sonores différents: au plus bas, les voix de femmes, qui continuent à psalmodier doucement le Veni Creator; *en plan intermédiaire, le curé, qui poursuit la lecture du mandement épiscopal; et, dominant le tout, les quatre hommes, qui discutent avec animation sur le perron de l'église.*

Tout cela en même temps, et réalisant une sorte de contrepoint.

HOMME 1 — «...Encore une fois, nous ne donnerons pas notre sentiment comme citoyen sur cette question purement politique, qui a droit ou tort entre les diverses branches du pouvoir souverain. Ce sont de ces choses que Dieu a laissées aux disputes des hommes; mais la question morale, savoir, quels sont les devoirs d'un catholique à l'égard de la puissance civile établie et constituée dans chaque état; cette question religieuse, dis-je, est de notre ressort et de notre compétence...»

HOMME 3, *simultanément* — Mais pourquoè c'qu'y nous a lu c'te lett'-là?

HOMME 4 — Y est pourtant d'not' bord, el'curé Blanchette.

HOMME 3 — Ben, oui! Y est avec nus autes, lui.

HOMME 5 — Y est ben ôbligé. C't un mand'ment d'l'évêque. Vous avez pas entendu? Faut qu'y lise ça en chaire, el'dimanche. Ça y est commandé.

HOMME 4 — C'est ben clair. Faut qu'ça y aye été commandé.

HOMME 3 — Ça y a été commandé par l'évêque.

HOMME 2 — Ben, on va y réponde, à l'évêque, nus autes! D'abord, el'clargé, y a pas d'affaire à s'mêler d'politique.

HOMME 4 — C'est vrai. C'pas d'leûs affaires, ça.

HOMME 3 — Pis si y veulent s'en mêler, y ont yen qu'à s'mett' du bon bord, pis êt' avec nus autes.

HOMME 5 — Y ont yen qu'à prende pour el'peup' des Canayens, pis êt' avec les Patriotes.

HOMME 1, *continuant* — ...« Ne vous laissez donc pas séduire si quelqu'un voulait vous engager à la rébellion contre le gouvernement établi, sous prétexte que vous faites partie du peuple souverain ; la trop fameuse convention nationale de France (...) eut soin de condamner elle-même les insurrections populaires, en insérant dans les déclarations des droits (...) que la souveraineté réside non dans une partie, ni même dans la majorité du peuple, mais dans l'universalité des citoyens... »

HOMME 2, *simultanément* — Les curés, leû devoèr, c'est d'dire la messe, de fair' les priéres, pis d'respecter 'es évangiles.

HOMME 3 — Pis c'est pas d'aut' chose que ça qu'les évêques devraient leû dire de faire.

HOMME 5 — Pis surtout pas de s'mett' avec le gouvarnement pour régenter l'monde.

HOMME 4 — Pis prende la pârt de ceux qui sont yen qu'une tite clique, pis qui ont toute, de contre ceux qui font la majorité, pis qui ont rien.

HOMME 2 — Si y veut savoèr c'qu'on pense, l'évêque, on va y dire, nus autes.

HOMME 3 — C'est pas parc' qu'on est bons catholiques que ça va nous empêcher d'y envoyer nos r'montrances.

Pendant un moment, on n'entend plus que la voix de l'Homme 1, lisant cette dernière phrase du mandement.

HOMME 1 — ...« Or qui oserait dire que, dans ce pays, la totalité des citoyens veut la destruction de son gouvernement ? »

En même temps, les quatre autres se sont retournés vers lui, faisant bloc, et leurs voix enterrent définiti-

vement le Veni Creator *des femmes et la lettre de l'évêque.*

4 HOMMES — «Résolutions des paroèssiens. Nous avons entendu avec chagrin le Mand'ment de l'évêque de ce diocèse et nous déplorons l'erreur de cet individu, qui charche à s'allier avec nos enn'mis pour calomnier les défenseurs du peuple.»

L'ogive lumineuse s'est déjà éteinte.
L'Homme 1 est descendu de son perchoir. Il apparaît devant l'échafaudage, rejoint bientôt par le groupe des femmes.

HOMME 1 — Mais y a tant d'monde qui avait peûr!
4 FEMMES — Y a tant d'monde qui était conte!

Les quatre autres hommes viennent les retrouver.

4 HOMMES — Pis y en a tant, tell'ment d'monde, qui avaient des intérêts!
HOMME 1 et 2 — Y a les seigneurs, qui avaient peûr de pard' leûs priviléges.
4 FEMMES — Y a les riches, qui étaient cont' ec'qui risquait d'leû faire pard' leûr argent.
HOMMES 3, 4 et 5 — Y a les amis des Anglais, qui avaient leûs intérêts à sauver, qui voulaient pas pard' leûs positions dans l' gouvarnement.
FEMME 1 — Pas toutes! Mais y'nn avait!
CHOEUR — Comment c'que vous auriez voulu que c'monde-là, que toute el'monde, se soye mis du côté des Patriotes, avec ceux qui étaient cont' el'gouvarnement, cont' les Anglais, leûs priviléges, pis leûr argent?
FEMME 2 — Ça faisait ben du monde qui avait des intérêts!
FEMME 3 — Ça faisait ben du monde qui avait peûr!
4 FEMMES — Ça faisait ben du monde qui s'mettait conte!

58

HOMME 1 — Pis y a eu les traîtes.

HOMME 3 — Y a eu les vendus.

HOMME 4 — Y a eu les Judâs.

FEMME 4 — Not'-Seigneur el'l'a dit: « Y aura toujours des traîtes parmi vous autes».

HOMME 5 — Des traîtes qui sont prêts à vend' leûr âme, l'âme de leû pays, pour trent' déniers.

HOMME 1 — Pour trent' queuqu' piasses!

HOMME 5 — Quand el'marchand Dumouchel a été arrêté sus l'chemin d'Saint-Benoît, pour êt' mis en prison, qui c'est, celui qui l'avait dénoncé aux soldats d'Colborne?

CHOEUR — C't un traîte!

FEMME 2 — Quand el'docteur Masson pis son frére Damien s'sont faite prende par la garnison d'Côteau-du-Lac, qui c'était, l'batelier qui'es a vendus après avoèr pris leûr argent pour leû faire travarser l'canal?

CHOEUR, *commençant un long crescendo* — C't un traîte!

FEMME 4 — Quant' monsieur Hubert s'est faite attraper avec son frére, par les chiens d'la bande à Comeau, qui c'était, l'Judâs d'Varchères qui avait avarti 'es hommes de Comeau?

CHOEUR, *crescendo* — C't un traîte!

HOMME 1 — Quant' Goddu, el'major Goddu, a été pogné à Saint-Césaire, qui c'était, son ancien ami, l'espèce de lâche peûreux qui est allé dire où c'qu'y était, pour el'faire arrêter?

CHOEUR, *crescendo* — C't un traîte!

FEMME 1 — Quand y a eu un détach'ment d'dragons à'a Pointe-à'a-Mûle, qui est arrivé chez Gâgnon l'habitant pour l'arrêter, pis qu'y ont maltraité toute sa famille pis saccagé toute sa maison, qui c'était, celui qui s'était offert pour aller 'es charcher, 'es dragons?

CHOEUR, *crescendo* — C't un traîte!

HOMME 3 — Pis à Saint-Hyacinthe, qui c'étaient, les deux Canayens vendus qui sont arrivés avec el'colonel Cathart pour dénoncer 'a population, pis qui ont faite arrêter vingt-sept Patriotes, pis la même chose à Saint-Charles? Qui c'étaient, ces deux-là?

CHOEUR, *crescendo* — C'taient des traîtes!

HOMME 4 — Pis qui c'étaient Comeau, Comeau l'chef de police, pis sa bande de chiens, qui couraient 'es campagnes à r'nifler 'a trace des Patriotes comm' du gibier, pour les arrêter pis 'es emm'ner en prison à Montréal?

CHOEUR — C'taient des traîtes!

FEMME 3, *sempre crescendo, bien rythmé* — Des traîtes, pis des traîtes!

4 FEMMES, *idem* — Pis encôre des traîtes!

4 HOMMES — Toutes des traîtes!

FEMME 3 — Y'nn a eu!

4 FEMMES — Y'nn a eu tant et tant!

CHOEUR — Y'nn a eu, qu'c'en est une honte!

Depuis qu'on a commencé à évoquer les traîtes, l'Homme 2, qui n'a pas eu à parler, a pu se retirer du groupe et monter prendre place dans les échafaudages.

Un spot s'allume en un point donné.

Ce comédien, qui va incarner le traître Chartrand, se fraye un chemin entre les tiges métalliques et vient se placer dans l'éclairage, face au public.

HOMME 2 — Moè, j'avais commencé par êt' du bord des Patriotes. Y avait des grands parlements pis des assemblées, Papineau qui faisait des discours... Moè, j'haguissais pas ça. Mais après, à Saint-Jean, y'nn a qui ont commencé à dire que ça pourrait p't'êt' ben v'nir dangereux, qu'ça pourrait finir par er'virer mal. Que si y s'mettait à y avoèr du grabuge, les Anglais s'raient pas pour es'laisser faire de même. Parler, c'tait ben beau, mais, si y fallait s'batt', eux autes, les Anglais, y avaient des soldats pis y étaient capabes de mett' el'monde à leû main.

Moè, j'savais pus trop, trop. J'me sus mis à me d'mander sus quel bord que j'f'rais mieux d'm'enligner. Y'nn a ben qui s'dém'naient, pis qui s'fendaient 'a margoulette à parler d'révolution pis d'libarté. Les priviléges du peup', les droèts des citoyens, el'yâbe et sa patte, y'nn avaient toujours plein 'a bouche de ces grands mots-là. Mais y'nn a d'autes, dans ceux qui ont du bien, ceux qui ont queuqu'chose en d'ssours des pieds, ben, eux autes, y faisaient plus attention, y s'arrangeaient pour pas s'mett' à dos avec les Anglais.

Moè, ch'us pas riche, mais j'crache pas sus un écu. J'ai pas grand-chose, mais, c'que j'ai, j'voudrais ben l'garder, pis j'aurais plutôt envie qu'ça m'fasse des p'tits.

Ça fait qu'là, j'ai commencé à m'dire que j'avais besoin d'faire ben attention su'a maniére que j'allais penser pis qu'j'allais parler. Y a des foès, dan'a vie, que, l'important, c'est d'savoèr de quel côté du ch'min qu'y faut marcher, pis, quand on est pas sûr, el'plus avisé, c'est d'garder l'mitan, just'el'milieu ent' les deux, pour êt' paré à s'garrocher du bon bord aussitôt qu'y a un côté qu'ça sent l'brûlé. Ça fait que j'me sus sarvi d'ma tête. J'continuais à m'montrer dan'es places où c'que les Patriotes allaient, mais, pour pas mett' tou'es œufs dans l'même panier, quand ej'm'adonnais à êt' avec ceux du parti bureaucrate, ceux qui t'naient pour el'gouvarnement des Anglais, la reine, la couronne, el'gouvarneur, pis toute la bastringue, ben, j'restais sus mes gardes, j'me mouchais en même temps qu'eux autes, pis j'disais blanc si y disaient blanc, pis noèr si y disaient noèr. Su'es entrefaites, une foès, d'même, y a eu queuqu'un, lui, y s'cachait pas pour dire qu'y était avec les bureaucrates, pis y m'a faite des offes. Des belles offes! Des off' que ça valait 'a peine d'y penser. Moè, j'l'ai dit, j'crache pas sus un écu, ça fait que si y'nn a une pile en ballant, j'asseye de faire c'qu'y faut pour qu'a' tombe de mon bord. Là, c'tait facile. Y avait yen qu'à dire des affaires que j'savais, des choses que j'm'adonn'rais à avoèr vues.

Après toute, y a-t-y du mal à ça? Moè, j'ai l'oreille fine, pi'es yeux qui voyent loin. C't-y d'ma faute si y'nn a qui font pas attention à c'qu'y disent? Si y a des genss qui s'font aparcevoèr su'es ch'mins, aux heures qu'y faudrait pas, qui amènent du monde étrange chez eux, pis qu'y s'met à rôder toute sorte de gibier autour d'leû maison?

Moè, j'avais 'es yeux ben ouverts, pis j'pardais rien. J'avais 'es oreilles qui avaient l'air de pas écouter, les oreilles qui avaient l'air de penser à d'aut' chose. Mais les mots, les phrâses tombaient d'dans, comm' l'argent d'la quête qui tombe dan'a tâsse, à'église. Pis après ça, j'empochais. J'avais pu yen qu'à empocher. Y a pas un renseign'ment que j'leûs ai donné, aux Anglais, qui m'a pas rapporté queuqu'ch'lins, queuqu' piasses. Pis, à c't'heure qu'les affaires ont tourné comme ça a tourné avant-hier à Saint-Charles, à c't'heure que les Patriotes viennent de s'faire batt', pis qu'les bureaucrates vont êt' maîtes partout, ben, j'pense que j'ai choèsi l'bon bord du ch'min qu'y fallait marcher, pis celui qui va êt' el'plus payant.

Il reste un moment à tâter sa poche, un sourire faux sur les lèvres, le regard qui furète dans la salle.
On entend les voix des femmes qui murmurent sourdement, en marquant toujours bien le rythme.

FEMME 1 — Des traîtes!
FEMME 2 — Pis des traîtes!

FEMME 3 — Pis encôre des traîtes!

FEMME 4 — Toutes des traîtes!

Les quatre autres hommes se sont glissés dans l'ombre à travers les échafaudages. Ils surgissent en pleine lumière, derrière Chartrand.

HOMME 1 — Qu'est-c' tu fais icite, Chartrand?

HOMME 2 — *sursautant* — Euh!... Vous m'avez faite peûr.

HOMME 3 — Quins! Tu nous avais pas entendu v'nir, pour une foès?

HOMME 2 — Ah! c'est toè, Nicolas.

HOMME 4 — Comment ça s'fait qu'tu nous avais pas vus, don'?

HOMME 5 — D'habitude pourtant y a pas grand-chose qui t'échappe, hein? *(Il l'a saisi brusquement par le bras.)*

HOMME 2 — Qu'est-c' tu veux dire, Daunais, là, toè?

HOMME 5 — Viens faire un tit tour avec nus autes.

HOMME 2 — Là? Mais... y est bien qu'trop târd.

HOMME 4 — Viens faire un tit tour dans l'bois.

HOMME 5 — Envoye! On est v'nus t'charcher pour ça.

HOMME 2, *s'affolant* — Voyons, Daunais! lâche-moè don', toè!

HOMME 1 — On t'dit de v'nir avec nus autes!

HOMME 2, *élevant la voix et essayant de se débattre* — Eh! lâchez-moè!

HOMME 3 — Envoye! Farme ton gorlot, pis marche!

Ils l'entraînent rudement dans la zone d'ombre. L'éclairage donne sur le groupe des femmes. On les entend à nouveau monter un crescendo animé de sourde rancœur.

2 FEMMES — Des traîtes!
                Pis des traîtes!

                    Pis encôre des traîtes!
                    Toutes des traîtes!
3 FEMMES — Des traîtes!
                    Pis des traîtes!
                    Pis encôre des traîtes!
                    Toutes des traîtes!
4 FEMMES — Des traîtes!
                    Pis des traîtes!
                    Pis encôre des traîtes!
                    Toutes des traîtes!

Les voix des hommes nous parviennent de la zone d'ombre, à travers la forêt des échafaudages.

HOMME 2, *suppliant* — Lâchez-moè! Lâchez-moè! Laissez-moè aller!...

HOMME 1 — Joseph Armand dit Chartrand, on vient de t'trouver coupabe de trahison cont' le peup' canadien. Tu vas r'cevoèr ta sentence.

HOMME 2 — Lâchez-moè!

HOMME 1 — T'es condâmné à mort.

HOMME 2 — Vous avez pas l'droèt. Lâchez-moè!

HOMME 5 — Tu f'rais aussi ben de r'gretter tes péchés, pis vite!

HOMME 2 — Non!... non!... non!

HOMME 3 — T'as vécu comme un lâche pis un espion. Tâche au moins d'mourir comme un homme.

HOMME 4 — Envoyez!

HOMME 2 — C'pas vrai! Lâchez-m...

On entend des coups de feu.

4 FEMMES — Des traîtes!

Un temps de silence.
Les hommes restent au fond des échafaudages. Ils entonnent un nouveau couplet de la complainte, et leurs voix montent de la pénombre.

5 HOMMES —
    Mêm' Not'-Seigneur aussi fut livré par un traîte.
    Y'a toujours des vendus de par tous les pays.
    Rougis de honte au front, y devront comparaîte,
    Au grand jour du Jug'ment, d'vant ceux qui'ont pas
                                        [trahi.
FEMME 1 — Parc' qu'y en a eu aussi, qui ont pas
    voulu accepter d'trahir.
3 FEMMES — Y'nn a eu. Y'nn a eu en masse !
FEMME 1 — Y en a eu, qui ont toujours er'fusé de
    s'laisser ach'ter.
3 FEMMES — Y'nn a eu. Y'nn a eu pluss encôre que
    des traîtes !
FEMME 1 — Y en a qui l'ont eue, la forc' de résister
    d'vant toutes les offes, d'vant toutes les menaces.

*Les hommes sont toujours dans l'ombre des écha-
faudages. On n'entend que leurs voix, assez faible-
ment d'abord.*

5 HOMMES — On l'sait pas.
                 On sait rien.
                 On'es a pas vus.
                 On peut pas rien dire.
                 On sait pas où c'qu'y sont.
FEMME 2 — Les Anglais voulaient prend' monsieur
    Girouârd, pis d'autes qu'y app'laient les chefs d'la
    rébellion.
FEMME 3 — Y arrêtaient pas d'offrir des récompenses
    à tous ceux qui voudraient dire où c'est qu'y étaient.
FEMME 4 — Y avaient placardé partout qu'y promet-
    taient cinq cents lives, deux mille piasses ! à n'im-
    porté qui qui'es aid'rait pour les r'trouver.
5 HOMMES, *comme précédemment, un peu plus haut*
    — On l'sait pas.
                 On sait rien.
                 On'es a pas vus.

On peut pas rien dire.

On sait pas où c'qu'y sont.

FEMME 1 — Y ont pris tou'es hommes de Saint-Benoît.

FEMME 2 — Y'es ont toutes renfarmés dan'une cour.

FEMME 3 — Y sont v'nus avec des soldats pour les questionner.

FEMME 4 — Y'es ont tâssés cont' el'mur, y ont braqué deux gros canons sus eux autes, pis y ont dit qu'y allaient 'es tuer si y parlaient pas.

4 FEMMES — Y'es ont insultés, y ont craché d'ssus. Y ont ri d'eux autes, y'es ont humiliés.

Pendant ces répliques des femmes, l'éclairage a commencé à monter à travers le bas des échafaudages.

Les hommes sont debout, plaqués contre les tiges de fer, faisant face aux canons, à la horde des soldats.

5 HOMMES, *encore plus fort* —

On l'sait pas !

On sait rien !

On'es a pas vus !

On peut pas rien dire !

On sait pas où c'qu'y sont !

FEMME 1 — Y savaient que c'tait Pierre Brazeau qui avait m'né monsieur Girouârd jusqu'aux Éboulis, pour qu'y parte es'cacher.

4 FEMMES — Y l'ont pris à pârt des autes, y l'ont poussé vers el'milieu d'la cour.

FEMME 2 — Y y ont attaché 'es mains dans l'dos, pis y l'ont maltraité.

FEMMES 3 et 4 — Y y ont mis un pistolet su'a tempe, en disant qu'y allaient y faire sauter 'a çarvelle.

FEMMES 2, 3 et 4 — Y l'ont j'té à g'noux par terre, pis y y ont mis 'a tête sus un billot.

4 FEMMES — Y l'vaient la hache en l'air, au-d'ssus d'lui, en criant qu'y allaient y couper l'cou.

*Chacun des hommes représente simultanément Pierre
Brazeau. Ils sont bousculés, ligotés. Ils reçoivent des
coups. Ils se voient menacés du pistolet. Ils sont
jetés par terre, la tête sur les barres de fer, atten-
dant la hache. Et ils crient leurs répliques comme
des gens qu'on torture.*

HOMME 1 — Je l'sais pas!

HOMME 2 — Non, j'sais rien!

HOMME 3 — Je l'ai pas vu!

HOMME 4 — J'peux pas rien dire!

HOMME 5 — Je l'sais pas, où c'est qu'y'est!

FEMME 1 — Y a pas parlé.

FEMME 2 — Y a rien dit.

FEMME 3 — Y'nn a pas un qui a parlé.

FEMME 4 — Y'nn a pas un qui a rien dit.

4 FEMMES — Y'nn a pas un parmi eux autes qui a
trahi!

*La lumière qui éclairait les hommes sous les écha-
faudages diminue rapidement, et ils disparaissent
dans la pénombre.*

FEMME 1 — Pi'es Anglais sont restés avec leûs deux
mille piasses de récompense pis leûs placârds, pis
y ont pu s'les mett' dans l'trou!

FEMME 2 — Y avaient promis deux mille piasses aussi
pour arrêter Chénier, mais y a personne qui'nn a
voulu. A fallu qu'y l'tusent!

FEMME 3 — Y ont offert quat' mille piasses, mille
lives anglaises, pour la tête à Papineau. Y a pas un
chat qui est allé 'es charcher!

FEMME 4 — Pis à l'heure qu'y est, Papineau a encôre
sa tête su'es épaules. Y s'trouve à l'abri, saine et
sauf, dan'es Étâts.

4 FEMMES — Pis y est pas tut seul à s'avoèr sauvé,
Papineau. Y'nn a ben d'autes de même, qui sont

partis comme lui. Pis y ont pus besoin d'avoèr peûr des Anglais!

La dernière réplique des quatre femmes a été lancée sur un ton de satisfaction triomphante.

Mais les hommes vont se mettre à apparaître un à un dans les échafaudages. À mesure qu'ils commencent à parler, ils surgissent à différents niveaux, rampant entre les barres de fer, comme des fugitifs, des proscrits, qui se glissent dans des greniers, qui se terrent dans des trous.

HOMME 1 — Parc' qu'y'nn a qui s'sont sauvés!

HOMME 2 — Y ont réussi à s'sauver, eux autes!

HOMME 3 — Des cheufs, qui nous ont embarqués dan'a galère, pis qui s'sont dépêchés d'désarter sitôt qu'la coque s'est mis à prend' l'eau!

HOMME 4 — Des beaux parleurs, qui ont pâssé leû temps à cracher en l'air dans toutes leûs grands discours, mais qui ont trouvé moyen d'pus êt' là, quant' les crachâts ont commencé à nous r'tomber sus l'nez!

HOMME 5 — Des faiseux d'politique, ben bons pour attiser l'feu dans l'poêle, mais qui ont pas traîné pour sacrer l'camp sus l'voèsin, quand y ont vu que c'tait en train d'brûler dans l'tuyau!

5 HOMMES — Pis y nous ont laissés là, pendant qu'y sont allés sauver leû peau dan'es États!

HOMME 1 — À c't'heure qu'y faut s'faire brûler nos maisons...

5 HOMMES — Y nous laissent là!

4 FEMMES, *en écho douloureux* — Y'es ont laissés là!

HOMME 2 — À c't'heure qu'y faut s'faire g'ler, pis crever d'faim dans l'fond des bois...

5 HOMMES — Y nous laissent là!

4 FEMMES — Y'es ont laissés là!

HOMME 3 — À c't'heure qu'y faut essayer de s'cacher en d'ssours des greniers à cause d'la bande à Comeau qui nous charche dans tou'es coins...

5 HOMMES — Y nous laissent là!

4 FEMMES — Y'es ont laissés là!

HOMME 4 — À c't'heure qu'y faut rester écrapoutis dans des trous, pendant des s'maines, pour pas qu'les soldats nous trouvent pis nous arrêtent...

5 HOMMES — Y nous laissent là!

4 FEMMES — Y'es ont laissés là!

HOMME 5 — À c't'heure qu'on a toujours les Anglais qui nous courent su'es talons, pour nous traîner dan'es prisons...

5 HOMMES — Y nous laissent là!

4 FEMMES — Y'es ont laissés là!

FEMME 1 — Les chefs sont partis, pis nos hommes sont arrêtés!

FEMME 2 — Les soldats fouillent dans tou'es coins!

FEMME 3 — Les chiens d'la bande à Comeau r'nif' dans tou'es trous!

À chacune des répliques des femmes, un des hommes est tombé des échafaudages, débusqué par les soldats.

Les deux derniers sauteront à la réplique suivante. Ils sont traînés, poussés, bousculés à coups de pieds, pour finalement se retrouver groupés tous ensemble sur un même côté du plateau.

Ils se tiennent comme s'ils avaient les mains liées derrière le dos, avec la corde au cou pour les attacher.

FEMME 4 — Quand y trouvent les hommes, y'es prennent, y'es attachent ensemb' comme du bétail, pis y'es traînent à Montréal.

FEMME 1 — Là y a des bandes d'enragés qui'es attendent au Pied-du-Courant.

FEMME 2 — Y leû tirent des roches pis d'la terre.

FEMME 3 — Y leû tirent des épluchures pis des oeufs pourris.

69

FEMME 4 — Y leû tirent toutes sortes d'affaires sales!
4 FEMMES — Pis tout l'monde crie: Shoot them!
Hang them!... Shoot them! Hang them!...

*Les hommes réagissent comme si on leur lançait
divers projectiles à la tête.*
*Les femmes s'élancent vers eux, pareilles à des mé-
gères en furie, continuant à hurler: «Shoot them!
Hang them!...»*
Elles les bousculent, elles les frappent.
*Mais après un moment, redevenant les femmes du
chœur, elles s'immobilisent, se tournent vers le public et entonnent un nouveau couplet de la complainte.*
*Tout en chantant eux aussi, les hommes enchaînés
défilent lentement autour du plateau, pour aller se
perdre au fond, sous les échafaudages.*

CHOEUR —
Arrachés d'leûs foyers, accâblés sous les chaînes,
Y s'en vont en prison de par tout le pays.
Y pâss' en fac' du mond', qui leû crach' tout' sa
[haîne,
Y raval' leûs affronts, leû cœur a pas failli!

*Les femmes sont maintenant devenues les mères,
les épouses, les filles, les fiancées des Patriotes qu'on
a arrêtés et jetés en prison.*

FEMMES 1 et 2 — Nos homm' sont en prison.
FEMMES 3 et 4 — Nos homm' sont dan'es cachots!
4 FEMMES —
Y nous ont pris nos maris.
Sont v'nus nous charcher nos péres.
Y nous ont pris nos garçons.
Sont v'nus nous charcher nos fréres.
Y nous ont volé nos fiancés!
FEMMES 1 et 2 — Nos homm' sont en prison.

FEMMES 3 et 4 — Nos homm' sont dan'es cachots !

4 FEMMES —

Qu'est-c' qu'y vont faire avec nos maris ?
Qu'est-c' qu'y vont décider pour nos péres ?
Qu'est-c' qu'y vont faire avec nos garçons ?
Qu'est-c' qu'y vont décider pour nos fréres ?
Comment c'est qu'y vont juger nos fiancés ?

FEMMES 1 et 2 — Nos homm' sont en prison.

FEMMES 3 et 4 — Nos homm' sont dan'es cachots !

Le groupe des femmes va se défaire, et les person-
nages vont s'individualiser.

Chacune, en commençant à parler, s'avancera vers
le public.

FEMME 1 — Mon mari, Joseph-Narcisse Cardinal,
était notaire à Châteauguay. J'dis «était», parc'
qu'y viennent de l'arrêter.

FEMME 2 — Y m'ont arrêté mon garçon ! Y l'ont
emm'né en prison. Tout c'qu'y m'disent, c'est qu'y
va êt' pendu. Pendu, Joseph !...
J'suis la mére de Joseph Duquette.

FEMME 3 — Moi, j'suis la femme de Thomas-Marie
Chevalier d'Lorimier. Depuis six ans.

FEMME 4 — Personne me connaît, moè. J'm'appelle
Marie Loiselle.

On entend la voix des hommes en arrière-plan, loin-
taine, montant de l'ombre comme une plainte.

5 HOMMES — Les homm' sont en prison !
Les homm' sont dan'es cachots !

FEMME 1 — C'est un homme juste, mon mari. Un
bon caractère, tranquille, qui pense toujours à
c'qu'y fait, qui part pas en peur à propos de rien.
Avec lui, j'trouv' que j'suis bien mariée.

FEMME 2 — C't encôre un enfant. Y a tout just' vingt
ans ! J'ai des filles aussi, mais, lui, c'est mon seul
garçon.

FEMME 3 — Même avant not' mariage, mon mari s'occupait d'politique. Y avait rien qu'une idée en tête: l'indépendance des Canadiens.

FEMME 4 — J'ai pas d'famille, ch'us orpheline.

5 HOMMES — Les homm' sont en prison!
Les homm' sont dan'es cachots!

FEMME 1 — On a quat' p'tits enfants, vous savez! Tout jeunes. Y sont beaux! Puis là, j'en attends un autre. À v'nir jusqu'à ces derniers temps, y m'semb' qu'on a vécu l'bonheur parfait!

FEMME 2 — Joseph, y a toujours été sérieux. Y voulait êt' notaire. Après son collége, y a commencé à étudier la loi avec monsieur Cardinal, pis monsieur d'Lorimier. Après ça, y est pâssé clerc chez son onc' Demaray, à Saint-Jean. Ça d'vait pas tell' ment r'tarder, pis y aurait été r'çu notaire.

FEMME 3 — Y m'disait souvent, Thomas, qu'y fallait êt' prêt à tout sacrifier pour la liberté. J'trouvais ça beau, mais c'tait dangereux aussi, je l'savais. Ça fait rien, j'l'admirais. J'l'app'lais toujours «mon beau Chevalier»!

FEMME 4 — Comprenez-vous? J'ai pas d'pére, j'ai pas d'frére, j'ai pas d'mari. J'ai mêm' pas un fiancé.

5 HOMMES — Les homm' sont en prison!
Les homm' sont dan'es cachots!

FEMME 1 — Faut dire une chose pourtant. Mon mari s'occupait d'politique. Comm' de raison, y prenait pour l'parti des Canadiens.

FEMME 2 — Quant' mon pauv' mari est mort, Joseph v'nait just' de finir son collége. J'ai faite des gros sacrifices pour qu'y soye capabe de continuer ses études. C't un enfant qui avait pas beaucoup d'santé. J'avait toujours peûr qu'y soye malade. Y était doux, tranquille. Y a toujours été bon avec ses sœurs pis avec moè.

FEMME 3 — Y avait eu des élections au temps d'not'
mariage. À Montréal, les hommes s'battaient dans
les rues, Canadiens contre Anglais. Thomas avait
r'çu une balle dans l'manche de son parapluie. Ça,
c'tait rien! On avait tourné ça en farces. Même moi,
j'avais fini par en rire avec lui. Mais l'jour d'la
bagarre avec ceux du Doric Club, j'l'ai vu me
r'venir à la maison avec une balle dans la cuisse.
Depuis qu'les troubles ont commencé l'année dernière, j'en finis plus d'vivre dans les inquiétudes.
FEMME 4 — Mais y avait un garçon... Un garçon que
j'connaissais. C'est-à-dire que souvent je l'voyais
pâsser. Des foès, je l'rencontrais sus l'chemin. Mais
j'y ai jamais parlé.
5 HOMMES — Les homm' sont en prison!
          Les homm' sont dan'es cachots!
FEMME 1 — Quand y a eu les batailles, l'année pâssée, au temps d'Saint-Denis pis d'Saint-Charles,
Narcisse a pas bougé. Y s'est t'nu tranquille. Lui,
y disait qu'les Patriotes étaient pas assez préparés.
Mais là, c't automne, y était sûr qu'les Américains
allaient embarquer d'not' côté. Y s'est mis à s'dém'
ner pour soul'ver tout l'canton. Y était toujours à
courir chez l'un, chez l'autre. Je l'voyais plus à'a
maison, presque.
FEMME 2 — Faut comprende. Toutes les idées d'révolution, d'indépendance, les assemblées d'Patriotes,
les discours, ça y a monté 'a tête, à mon garçon.
Déjà l'année pâssée, y s'était lancé dans l'équipée.
Y traversait aux Étâts, y r'venait, y r'tournait...
Y s'est battu à Moore's Corner... Mon Dieu, qu'j'é-
tais don' inquiète! J'ai don' pleuré, j'ai don' prié!
Après l'amnistie, y a faite comm' les autes, y est
r'venu. Là y m'a promis d'êt' sage, de rester tranquille. Mais avec l'automne, v'là qu'tout a r'commencé! J'y disais: «Joseph, fais attention. Tiens-

73

toè don' tranquille! Si tu r'pars dans tes équipées, tu vas m'faire mourir!» Mais lui, on aurait dit que c'tait plus fort que lui.

FEMME 3 — J'savais bien qu'y allait s'passer des choses. Thomas m'avait avertie. L'trois novembre, ça d'vait être un grand jour. Y disait qu'tout l'peuple des Canadiens allait s'soul'ver, conquérir la liberté, sa liberté!

FEMME 4 — Lui, c'garçon-là, j'pense ben qu'y d'vait même pas savoèr que, moè, j'l'aimais.

5 HOMMES — Les homm' sont en prison!
               Les homm' sont dan'es cachots!

FEMME 1 — L'matin du quat' novembre, y est parti, mon mari, ça, avec d'aut's hommes de Châteauguay. Y sont allés au village des sauvages, pour s'faire donner des fusils.

FEMME 2 — J'sentais ben qu'y m'faisait des cachettes. Y était toujours à courir d'un bord pis d'l'aute. Pis l'quat' novemb' au matin, y est parti avec son ancien patron, monsieur Cardinal. Y paraît qu'y sont allés pour prend' les fusils des sauvages, au Saut Saint-Louis.

FEMME 3 — Y a eu des p'tits accrochages ici et là. Y a eu la bataille d'Odelltown.

FEMME 4 — Depuis ces darniers temps, je l'voyais pus. J'asseyais d'guetter l'heure qu'y pâssait, mais je l'voyais pus. Pis l'aute jour, j'l'ai aparçu qui marchait au milieu des soldats. Y v'naient de l'arrêter!

5 HOMMES — Les homm' sont en prison!
               Les homm' sont dan'es cachots!

FEMME 1 — C'est comm'ça qu'les Anglais l'ont arrêté. Y l'ont emm'né à Montréal, pis, depuis c'temps-là, y est en prison.

FEMME 2 — C'est là qu'y s'est faite arrêter, au village des sauvages. Nous autes, les Anglais nous ont mis déhors, mes filles pis moè. Y ont brûlé not' mai-

74

son. Pis lui, mon garçon, mon Joseph, y disent qu'y vont l'pende !

FEMME 3 — Trois jours après, mon mari s'est fait prendre par les soldats anglais. J'ai fait une demande. J'attends la permission pour aller l'voir en prison.

FEMME 4 — Y est en prison. J'sais où c'que c'est. Mais j'peux pas aller l'voèr, y m'laiss'ront pas rentrer. Parsonne me connaît. Mêm' lui, y m'connaît pas. Pis j'sais seul'ment pas son nom.

5 HOMMES — Les homm' sont en prison !
　　　　　　　Les homm' sont dan'es cachots !

Sitôt après avoir dit leur dernière réplique, les Femmes 1, 2 et 3 sont parties une à une, pour disparaître entre les échafaudages. Seule Marie Loiselle reste où elle était.

L'éclairage s'allume en trois points des échafaudages, à des niveaux différents.

On y découvre la Femme 1 et l'Homme 3, personnifiant le couple Cardinal, la Femme 2 et l'Homme 4, qui sont madame Duquet et son fils, et la Femme 3 et l'Homme 5, madame de Lorimier et son mari. Les acteurs sont placés de telle manière que les barreaux de fer, se croisant à angles droits, s'interposent entre les visiteuses et les hommes, comme des grilles de prison.

FEMME 1 — C't-y vrai, Narcisse, qu'y vous donnaient pas à manger, yen qu'du pain pis d'l'eau ?

HOMME 3 — Les premiers temps, oui, c'tait pas mal comme ça.

FEMME 1 — Ah !... Y vous nourrissent-y mieux à c't'heure au moins ?

HOMME 3 — Ah ! c'est pas la bonne cuisine d'la maison, mais... C'pas important, ça, Eugénie. Parlemoè des enfants. Marguerite, Charlotte, comment c'qu'è' sont?

FEMME 1 — Sont bien. Mais è' s'ennuient d'toè. È' passent leur temps à d'mander quand est-c' que tu vas r'venir.

HOMME 3 — Ah! ça m'fend l'cœur de pas les voèr, de pas pouvoèr les embrasser. J'm'ennuie, moè aussi. J'm'ennuie d'tous vous autres. Le soèr, dans ma cellule, quand j'essaye de m'endormir, j'ai rien qu'ça en tête. J'pense aux enfants. J'pense à toè... Comment tu t'sens, Eugénie? Le p'tit dernier, celui qui est avec toè, là, y t'fatigue pas trop?

FEMME 1 — Y gigote.

HOMME 3 — Mon Dieu! Tout c'qui m'arrive ici, tout c'qu'y peuvent me faire, à moè, ça m'tourmente pas bien gros. J'suis résigné. Mais c't à vous autres que j'pense. À toè, puis aux enfants.

L'éclairage se concentre à présent sur madame Duquet et son fils.

FEMME 2 — J'te l'avais dit, Joseph. Pourquoè c'que tu m'as pas écoutée? Tu m'avais promis qu't'allais t'tenir tranquille, que t'allais pus r'commencer des folies d'même.

HOMME 4 — C'tait pas des folies, mâman. C'est parc' que j'aimais mon pays. J'voulais qu'on soye libres!

FEMME 2 — Ah, tais-toè! Tais-toè, parl'moè pus d'ça. Toutes ces idées-là, tu voès où c'que ça t'a m'né à c't'heure?

HOMME 4 — J'ai pas de r'mords à avoèr, mâman. Mon seul regret, c'est quand j'pense à vous. À vous pis à mes sœurs. J'aurais voulu qu'vous ayez une vieillesse heureuse. J'aurais voulu qu'avec mes sœurs, vous soyez capable de m'ner une vie à l'aise. Puis à cause de moè, vous êtes rendues dan'a rue!

C'est ça qui m'tourmente. Mais vous savez qu'c'est pas d'mauvais cœur que j'ai agi.

FEMME 2 — J'sais ben, mon pauv' Joseph.

HOMME 4 — J'ai voulu faire mon devoèr pour ma patrie. J'suis prêt à payer pour mes actes, j'suis résigné.

FEMME 2 — Y t'f'ront rien, mon p'tit garçon. Aie pas peûr, y t'f'ront rien. Y peuvent pas rien t'faire, t'es trop jeune. T'as rien qu'vingt ans! T'es ben qu'trop jeune!

HOMME 4 — Ah, vous savez... j'me fais pas d'illusions.

FEMME 2 — Non, non, y t'f'ront rien! Y a du monde qui va plaider pour toè. Y vont avoèr pitié d'toè, j'vas leû d'mander. J'vas les supplier! Ch'us prête à aller jusqu'au gouverneur, à me j'ter à g'noux d'vant lui, à y baiser 'es pieds. N'importé quoè, si y faut!

HOMME 4 — Ah, non! Pas ça, mâman! Faites pas ça, y faut pas. Pis ça servirait à rien.

L'éclairage se concentre à présent sur le couple de Lorimier.

HOMME 5 — Henriette! Ah, ma pauvre, ma chère Henriette!... *(Il lui embrasse les mains à travers les barreaux de la grille.)* Tu sais qu'mon seul chagrin, l'uniqu' pensée qui m'tourmente, c'est d'êtr' séparé d'toi, d'nos trois p'tits enfants!

FEMME 3 — Je l'sais, Thomas.

HOMME 5 — Tout c'qu'y cherchent à me r'procher, j'l'ai fait pour la cause de mon pays. Ça, tu l'as compris, toi, Henriette?

FEMME 3 — J't'ai toujours compris, Thomas.

HOMME 5 — Les tribunaux des hommes peuvent bien m'traiter comme un criminel, comme un meurtrier.

Y peuvent me garder enchaîné au fond d'un cachot,
y peuvent me faire mourir, si y veulent...

FEMME 3 — Dis pas ça, Thomas!

HOMME 5 — Oh, oui! Y peuvent bien m'condamner
à mort... Mais y a un Dieu dans l'ciel qui juge tous
nos actes. Et c'Dieu-là, y sait qu'la cause que j'ai
défendue était noble et juste. Tout c'que j'ai voulu,
c'est libérer ma patrie d'la servitude. Encore à présent, tout c'que j'espère, c'est qu'un jour notr' pays
pourra s'trouver délivré du joug des Anglais. Mais
toi, Henriette, c'est pas la même chose... Des fois
je m'demande si tu vas pouvoir me pardonner.

FEMME 3 — Pardonner? Mon doux Seigneur! qu'est-
c' que j'aurais don' à t'pardonner?

HOMME 5 — Tu l'sais, que j't'aime? Toi, avec nos
trois p'tits enfants, vous êtes les amours les plus
précieuses de ma vie! Tu sais ça, Henriette? Mais
vas-tu m'pardonner d'vous avoir sacrifiés, d'avoir
sacrifié notr' bonheur, pour un idéal que j'trouvais
plus grand qu'nous?

FEMME 3 — J'ai rien à t'pardonner, Thomas. J't'ai
toujours admiré. Si t'avais agi autrement, t'aurais pas
été c'que t'es. Puis... si t'avais pas été comme t'es,
t'sais, j't'aurais pas aimé, mon beau Chevalier!

*La lumière qui éclairait les prisonniers et leurs vi-
siteuses s'éteint.*
*Marie Loiselle tourne en rond devant la masse som-
bre des échafaudages!*

FEMME 4 — J'pâsse mes journées à rôder autour d'la
prison comme une âme en peine. Je r'gârde les
grands murs de pierre grise, les châssis avec des
bârreaux d'fer, pis j'me dis qu'y sont là. Y est là, lui'si,
d'l'aute bord. J'peux pas aller l'voèr, j's'rais mêm' pas
capable de d'mander son nom. J'sais que c't un Patriote.
C'est toute c'que j'sais. Je l'connais pas, pis y

m'connaît pas. Mais ça fait rien, j'sens qu'je l'aime.
Comment c'que l'monde pourrait comprend' ça?
Paraît qu'y en a au-d'ssus d'huit cents hommes,
qu'les Anglais ont arrêtés d'même, pis qui sont renfarmés là, dan'a prison. Paraît que c't une cour martiale qui est en train d'les juger, un tribunal de soldats anglais qui auront pas d'pitié.
Huit cents hommes! Huit cents Patriotes canadiens!
Comment ça s'fait qu'c'est pas rempli d'femmes
icite, au Pied-du-Courant? Comment ça s'fait qu'
c'est pas rempli d'femmes avec moè, pour taper cont'
les grilles, pour crier à tou'es vents d'la ville,
du fleuve, pis du pays:
Nos homm' sont en prison!
Nos homm' sont dan'es cachots!

*Les voix des autres femmes, sortant de la pénombre
des échafaudages comme une plainte sourde, se joi-
gnent à la sienne.*

4 FEMMES — Nos homm' sont en prison!
     Nos homm' sont dan'es cachots!
     Nos homm' sont en prison!
     Nos homm' sont dan'es cachots!

*Les trois femmes sont venues des échafaudages
pour rejoindre leur compagne.*
*Leur lamentation retrouve, pour s'exprimer, l'air
de la complainte.*

4 FEMMES —
Nos homm' sont dan'es cachots, l'Anglais tient sa ven-
             [geance.
Y'a des femm' qui s'lament' de par tout le pays!
Sourds à nos pleurs, les jug' rest'ront sans indulgence,
L'cœur mêm' d'un mur de pierre aurait, lui, tres-
             [sailli.

La voix des hommes se joint maintenant à celle des femmes.

CHOEUR —
Les marteaux sont sortis pour dresser la potence,
L'échafaud tend son ombr' de par tout le pays.
Les accusés demain connaîtront leû sentence,
Les jug' et les bourreaux vont s'entendre aujourd'hui.

FEMME 4 — Tout l'monde attend les jug'ments d'la cour.

FEMME 1 — Pendant c'temps-là, les journaux des Anglais, eux autes, y jubilent!

FEMME 2 — Y disent que l'échafaud va êt' assez grand pour pend' six à sept Patriotes en même temps!

FEMME 3 — C'est Bronsdon qui l'a bâti: y s'trouve juste au-d'ssus d'la porte d'la prison.

FEMME 1 — Y ont faite exprès pour qu'les visiteurs qui vont voèr leûs parents prisonniers soyent ôbligés d'pâsser en d'ssours, avec les cordes qui leû pendent su'a tête.

FEMME 4 — Pis tout l'monde attend.

4 FEMMES — On attend les jug'ments d'la cour.
On attend l'moment d'connaît' la sentence.

On entend des voix d'hommes qui sortent de la masse des échafaudages.

HOMME 2 — L'tribunal va rend' son jug'ment!

HOMME 3 — Y ont fini d'délibérer.

HOMME 4 — C'est yen qu'des officiers anglais, qui sont dan'a Cour martiale.

HOMME 5 — Y ont pâssé tout l'temps des procès à rire pis à faire des farces.

HOMME 4 — Y dessinaient des bonhommes pendus sus des bouts d'papier, pis y s'pâssaient ça entre eux autes, en riant.

HOMME 3 — C't eux autes, la Cour!

HOMME 2 — Là, y ont fini d'juger. L'tribunal va rend' sa sentence.

On entend comme un roulement de tambours, produit en tapant sur les caisses des guitares.

à jouer

HOMME 1 — De par jugement de la Cour constituée en tribunal extraordinaire pour rendre la justice au nom de Sa Majesté, notre très gracieuse souveraine, la reine Victoria, sont déclarés coupables les accusés suivants et condamnés à être pendus par le cou jusqu'à ce que mort s'en suive:
Joseph-Narcisse Cardinal, notaire...

4 HOMMES — Pendu!

4 FEMMES — Ah!

HOMME 1 — Joseph Duquette, étudiant...

4 HOMMES — Pendu!

4 FEMMES — Ah!

HOMME 1 — Marie-Thomas Chevalier de Lorimier, notaire...

4 HOMMES — Pendu!

4 FEMMES — Ah!

HOMME 1 — Amable Daunais, cultivateur...

4 HOMMES — Pendu!

4 FEMMES — Ah!

HOMME 1 — Pierre-Théophile Decoigne, notaire...

4 HOMMES — Pendu!

4 FEMMES — Ah!

HOMME 1 — François-Xavier Hamelin, cultivateur...

4 HOMMES — Pendu!

4 FEMMES — Ah!

HOMME 1 — Charles Hindelang, militaire...

4 HOMMES — Pendu!

4 FEMMES — Ah!

HOMME 1 — Pierre-Rémi Narbonne, huissier...

4 HOMMES — Pendu!

4 FEMMES — Ah!

HOMME 1 — François Nicolas, instituteur...
4 HOMMES — Pendu!
4 FEMMES — Ah!
HOMME 1 — Joseph Robert, cultivateur...
4 HOMMES — Pendu!
4 FEMMES — Ah!
HOMME 1 — Ambroise Sanguinette, cultivateur...
4 HOMMES — Pendu!
4 FEMMES — Ah!
HOMME 1 — Charles Sanguinette, cultivateur...
4 HOMMES — Pendu!
4 FEMMES — Ah!

Les quatre femmes ont réagi collectivement, semblables à un chœur de Niobides que les douze noms ont atteintes comme autant de flèches.

Elles redeviennent à présent les personnages qu'elles ont été précédemment: mesdames Cardinal, Duquet, de Lorimier et Marie Loiselle.

FEMME 1 — Non!
FEMME 2 — Non!
FEMME 3 — Grâce!
FEMME 4 — Ça s'peut pas!
FEMME 1 — Pitié pour mon mari!
FEMME 2 — Mon garçon!
FEMME 3 — Mon Chevalier! J'vas écrire une lettre à lord Colborne.
FEMME 2 — J'vas aller me j'ter aux pieds du gouverneur!
FEMME 1 — J'vas écrire à Lady Colborne, la femme du gouverneur.
FEMME 4, *avec amertume* — J'sais pas pour qui c'que j'irais d'mander grâce. Y'nn a trop.

Au sommet le plus élevé de la pyramide des échafaudages, une lumière tombant des cintres vient

82

éclairer le fauteuil vaguement drapé dans son Union Jack.

Les Femmes 1, 2 et 3 se sont précipitées au pied de la haute structure métallique, les mains, les yeux levés vers l'inaccessible trône.

La femme 4, Marie Loiselle, les suit, mais en demeurant un peu en retrait.

FEMME 2 — À son Excellence Sir John Colborne...

FEMME 3 — Gouverneur général pour la province du Bas-Canada...

FEMME 4, *dans une flambée de rancœur agressive* — Du Bâs-Canadâ, qui s'trouve comme el'bâs-bout d'la tabe, comme ec'bâs-monde qui est tell'ment creux, tell'ment bâs en d'ssours du paradis !

FEMME 1 — À Lady Colborne...

FEMME 3 — Qu'il plaise à Votre Excellence !

FEMME 4 — Pitié pour les Patriotes du Bâs-Canadâ !

FEMME 2 — La vieille mére d'un fils malheureux, que son âge tendre a entraîné au bord de l'abîme, se jette aux pieds de Votre Excellence, la douleur dans l'cœur, les sanglots dans la voèx, pour demander à Votre Excellence le pardon de son fils ! *(Elle s'est jetée à genoux au pied de l'échafaudage, les mains jointes sur un barreau de fer.)*

FEMME 1 — Mylady, vous êtes femme et vous êtes mère. Une femme, une mère, poussée par le désespoèr, oubliant les règles de l'étiquette, qui la séparent de vous, tombe à vos pieds, tremblante d'effroè et le cœur brisé, pour vous demander la vie de son époux bien-aimé et du père de ses cinq enfants ! *(Elle s'est écrasée à genoux, les bras levés vers le trône.)*

FEMME 3 — Votre Requérante n'avait, pour vivre et supporter ses pauvres petits enfants, que le produit du travail et de la profession de leur père !

(Madame de Lorimier, elle, est demeurée debout, suppliante, mais moins avilie.)

FEMME 4, *avec une espèce de sourde obstination —* Pitié pour les Patriotes du Bâs-Canadâ!

À partir de ce moment, mesdames Duquet, Cardinal et de Lorimier vont entreprendre l'escalade de la pyramide. D'une réplique à l'autre, elles s'accrochent aux tiges de fer, grimpant péniblement, barreau après barreau, toujours plus ou moins sur les genoux, toujours suppliantes et humiliées, essayant de porter leurs requêtes jusqu'au pied du trône.

Mesdames Duquet et Cardinal sont les plus acharnées dans leurs prières. Madame de Lorimier, tout en implorant avec ardeur la grâce de son mari, conserve un peu plus de réserve et de dignité.

Marie Loiselle demeure sur le plateau, devant l'échafaudage, se contentant de répéter toujours la même demande, avec une obstination de plus en plus farouche et butée.

FEMME 2 — Faut-il que sa jeune tête tombe en sacrifice sur l'échafaud ensanglanté?

FEMME 1 — L'arrêt de mort est déjà signé! L'heure fatale approche!

FEMME 2 — Faut-il que Votre Requérante et les enfants qui lui restent soyent réduits à mendier leur main de chaque jour?

FEMME 3 — Votre Requérante ne peut sans là plus grande anxiété penser au moment fatal où elle sera laissée seule, sans aucun moyen d'existence.

FEMME 4 — Pitié pour les Patriotes du Bâs-Canadâ!

FEMME 1 — Je ne pourrai jamais supporter pareille calamité. Le coup qui tranchera le fil de ses jours nous frappera tous deux!

FEMME 2 — Et tout cela parce que l'infortuné jeune homme s'est un moment laissé égarer?

FEMME 1 — Mon malheureux enfant ne verra jamais le jour. Il périra avec sa mère, sous l'échafaud où son père aura péri!

FEMME 3 — Votre humble Requérante n'a pas l'intention de faire l'éloge de son mari, ni de parler des services que sa famille a rendus.

FEMME 2 — Non, non! Votre cœur, qui connaît le sentiment de l'amour paternel, doèt compatir à ma situation!

FEMME 4 — Pitié pour les Patriotes du Bâs-Canadâ!

FEMME 1 — Vous, Mylady, quel trésor le ciel n'a-t-il pas mis entre vos mains? Ne vous a-t-il pas donné une influence immense sur l'esprit et le cœur de celui qui gouverne nos destinées?

FEMME 2 — Votre Excellence ne peut dédaigner la prière d'une mére malheureuse!

FEMME 3 — C'est comme épouse et comme mère que votre humble Requérante s'adresse à vous!

FEMME 1 — Les sentiments d'humanité ne sont certainement pas bannis de cette terre de vengeance, ils doèvent s'être réfugiés dans les cœurs de mères, comme le vôtre!

FEMME 2 — La clémence, qui est la vertu des roès, devrait être l'une de vos plus nobles jouissances!

FEMME 3 — Votre Requérante est menacée de perdre celui pour lequel elle a une affection dont ses paroles ne peuvent donner idée!

FEMME 4 — Pitié pour les Patriotes du Bâs-Canadâ!

FEMME 2 — Pardonnez à mon fils, et tous mes compatriotes se joindront à moè pour bénir votre mémoère!

FEMME 1 — Les sentiments d'humanité parleront par vos lèvres, ils arrêteront le glaive de la mort!

FEMME 2 — Pardonnez à mon fils, et Votre Requérante ne cessera d'implorer le ciel pour la conservation et la gloère de Votre Excellence !

FEMME 1 — Mylady, vous êtes femme et vous êtes mère !

FEMME 2 — Pardonnez à mon fils ! La clémence est la vertu des roès.

FEMME 3 — Votre Requérante implore la grâce de son mari !

FEMME 4 — Pitié pour les Patriotes du Bâs-Canadâ !

FEMME 1 — Mylady, Votre Requérante attend à vos pieds !

FEMME 2 — La vieille mére d'un fils malheureux implore aux pieds de Votre Excellence !

FEMME 1 — Ayez pitié de Votre humble Requérante !

FEMME 3 — Grâce !

FEMME 2 — Pardonnez !

FEMME 1 — Pitié !

FEMME 4 — Pitié pour les Patriotes du Bâs-Canadâ !

Un court instant, où elles attendent une réponse. Puis elles reprennent encore, avec une ultime insistance.

FEMME 3 — Grâce !

FEMME 1 — Pardonnez !

FEMME 2 — Pardonnez, à mon fils !

Les trois femmes sont parvenues sous le trône.
Elles tendent les bras pour essayer d'atteindre le bas du drapeau. Madame Duquette le touche presque...
Un moment de silence.
Une voix tombe du haut-parleur placé dans les cintres.

1 HOMME, *avec un accent très british* — No !

FEMME 4 — Qu'est-c' qu'y'a dit ?

1 HOMME, *dans un haut-parleur* — No!

Le chœur des hommes répète comme un écho, d'abord très lointain:

5 HOMMES — No!
3 FEMMES — Qu'est-c' qu'y dit?
1 HOMME, *dans le haut-parleur, très détaché* —
No! no! no!

Les lumières s'allument brusquement dans les écha-faudages. Tous les acteurs sortent de leurs person-nages et vont s'adresser directement au public.
On a les cinq hommes, perchés à différents niveaux sur les barreaux de fer, et les femmes, s'échelon-nant dans la pyramide qui monte au trône. L'espace scénique est rempli dans toute sa hauteur.
La partie qui suit doit presque prendre l'allure d'une sorte de comédie musicale, dans le ton grinçant. Le texte doit être dit très rythmé: des oppositions, des séries de progressions chromatiques, le tout formant une espèce de récitatif dramatique très animé, tandis qu'à la fin, la reprise de la complainte nous ramènera vers la ligne mélodique.
Au début, les voix d'hommes se diviseront en deux groupes: trois d'une part et deux de l'autre.

2 HOMMES, *faisant écho au haut-parleur* —
No! no! no!
3 HOMMES — Y'a dit: No!
2 HOMMES — He said: No!
3 HOMMES — No! no! no!
3 FEMMES — Qu'est-c' qu'y dis' qu'y'a dit?
3 HOMMES — Y dis' qu'y'a dit: No!
2 HOMMES — They said he said: No!
4 FEMMES — No! C'est ça qu'y'a dit!
2 HOMMES — He said: No!
No! no! no!

3 HOMMES — Y'a dit: No!
No! no! no!

Chanté sur un ton de récitatif, mais très rythmé.

4 FEMMES — No! Pas d'pitié pour les rebelles!
Les Patriot' avai' en belle!
5 HOMMES — Y'aurai' voulu fair' les finauds,
Pis attendrir les tribunaux?
CHŒUR — No! no! no!
1 FEMME — No! La pitié, c'est pour les chiens!
3 HOMMES — Mais c'pas bon pour les Canayens!
1 HOMME — Pendez-les tout' comm' des salauds!
3 FEMMES — C'est ça qu'y'a dit, le Vieux Brûlot!
CHŒUR — No! no! no!
1 HOMME — No! Dieu protég' not' Souveraine!
1 HOMME — Que les Frenchmen subiss' leûr peine!
3 HOMMES — Que tous les grands rêv' nationaux
Finiss' aussi dans l'mêm' panneau!
CHŒUR — No! no! no!
5 HOMMES — Faudra-t-y don' toujours rester des
porteurs d'eau?
4 FEMMES — C't'y vrai qu'on est au mond' pour la
poch' pis l'traîneau?
2 HOMMES — Êtr' nés pour un p'tit pain?
2 HOMMES et 2 FEMMES —
Manger les vieux pruneaux?
5 HOMMES et 2 FEMMES —
Pis boèr toujours el'fond,
5 HOMMES et 4 FEMMES —
dedans l'fond du tonneau?
CHŒUR — No! no! no!
No! no! no!

(Parlé, avec force, comme un point final.)

Non!

*Les six «no!» de la dernière réplique, arpégés sur
un accord descendant de septième diminuée, cons-
tituent une transition. Le «Non!» parlé éclate comme un point final.*

*Le numéro est terminé, et les acteurs rentrent dans
les personnages de paysans patriotes qu'on a vus
au début.*

*Les trois femmes qui étaient grimpées dans la pyra-
mide du trône sont redescendues se grouper autour
de celle qui était restée sur le plateau.*

Et l'on reprend le chant de la complainte.

4 FEMMES —
    Des femm' aux pieds d'Colborn' vont se j'ter tout' en
                          [larmes,
    Implorant pour sa grâc' de par tout le pays.
    Mais l'Vieux Brûlot maudit, entouré d'ses gendarmes,
    A dit : Non! pas d'pardon! dans son cœur endurci.
5 HOMMES —
    Dans la prison en deuil, Lorimier prend sa plume,
    Il écrit pour les Homm' de par tout le pays,
    Et c'est comme un' lumiér' qu'sa parol' nous allume,
    C'est son vrai testament que les Homm' ont r'cueilli.

*Dans les échafaudages, les hommes sont comme les
condamnés sur l'échafaud.*

Les femmes sont groupées au pied.

FEMME 1 — L'gouvarneur est resté comme une pierre.

FEMME 2 — L'monde a eu beau l'prier, supplier...

FEMME 3 — Y est resté comme une pierre !

FEMME 4 — Ça a pas plus rien donné que si on se
    j'tait au pied d'un mur, pour y d'mander d'avoèr
    pitié.

HOMME 5 — Madame de Lorimier a écrit à Colborne.

HOMME 3 — Madame Cardinal a écrit à la femme de
    Colborne.

HOMME 4 — Madame Duquette a écrit à Colborne, pis a'est même allée jusqu'à Québec, pour essayer de l'voèr.

HOMME 1 — Même les sauvages de Caughnawagâ, y ont écrit une pétition à Colborne pour y d'mander la grâce de ceux qu'y avaient faites prisonniers.

HOMME 2 — L'avocât des accusés, c'tait un Anglais, un bon, monsieur Lewis-Thomas Drummond: lui'si, y a écrit à Colborne pour y dire que l'procès était pas légal pantoute, pis qu'y avaient pas l'droèt d'êt' condâmnés.

FEMME 1 — Ç'a été: Non!

FEMME 2 — Pas d'grâce! Pas d'pardon!

FEMME 3 — Pas un mot d'pitié!

FEMME 4 — Pas plus d'cœur qu'un tigre!

4 FEMMES — Rien!

FEMME 3 — Colborne est ben qu'trop content de t'nir les Patriotes.

FEMME 4 — Y'es tient! Y'es tient par la corde, pis y veut pas 'es lâcher.

5 HOMMES — C'est à c'temps-là qu'on est arrivés au plus rouge des hivers rouges!

FEMME 3 — El'vingt et un décembr', la trappe s'est rouvarte.

FEMMES 1 et 2 — Cardinal pis Duquette sont tombés dans l'trou, avec la corde au cou.

HOMMES 3 et 4 — Pendus!

En terminant leur réplique, les Hommes 3 et 4; représentant Cardinal et Duquet, laissent brusquement choir leurs têtes en avant, pour exprimer le coup brutal de la strangulation.

FEMME 4 — Au mois d'janvier, c'tait l'tour des deux Sanguinette, Hamelin, Robert, pis Decoigne.

5 HOMMES — Pendus!

Même geste de la tête que plus haut, tous les cinq en même temps.

FEMME 4 — Pis l'quinze février, encôre cinq autres: Narbonne, Nicolas, Hindelang, Daunais...

HOMMES 1, 2, 3 et 4 — Pendus!

Ils ont tous quatre encore une fois le geste de la strangulation.

FEMME 3 — Mais d'Lorimier, lui, avant d'monter sus l'échafaud, avant d'mourir la corde au cou, y a pris l'temps d'écrire son testament.

FEMME 1 — Y a eu l'temps d'écrire c'qu'y voulait dire.

FEMME 2 — De dire c'qu'y fallait qu'y soye entendu.

L'Homme 5, figurant Lorimier, se tient debout, la tête droite, entre les quatre autres, déjà pendus.

HOMME 5 —
« Prison de Montréal, 14 février 1839,
à 11 heures du soir.

À la veille de rendre mon esprit à son créateur, je désire fair' connaître c'que je r'ssens et c'que j'pense. Je n'prendrais pas ce parti, si je n'craignais qu'on n'représentât mes sentiments sous un faux jour; on sait que le mort ne parle plus, et la mêm' raison d'état qui m'fait expier sur l'échafaud ma conduit' politique pourrait bien forger des contes à mon sujet. J'ai le temps et l'désir de prév'nir de tell' fabrications et je l'fais d'un' manièr' vraie et solennelle à mon heur' dernière, non pas sur l'échafaud, entouré d'un' foul' stupide et insatiabl' de sang, mais dans l'silence et les réflexions du cachot.

Je meurs sans remords, je n'désirais que l'bien de mon pays dans l'insurrection et l'indépendance, mes vues et mes actions étaient sincères et n'ont

91

été entachées d'aucun des crimes qui déshonor' l'humanité, et qui n'sont que trop communs dans l'effervescence de passions déchaînées. Depuis dix-sept à dix-huit ans, j'ai pris un' part activ' dans presque tous les mouv'ments populaires, et toujours avec conviction et sincérité. Mes efforts ont été pour l'indépendanc' de mes compatriotes; nous avons été malheureux jusqu'à ce jour. La mort a déjà décimé plusieurs de mes collaborateurs. Beaucoup gémiss' dans les fers, un plus grand nombr' sur la terr' d'exil, avec leurs propriétés détruites, leurs famill' abandonnées sans ressources aux rigueurs d'un hiver canadien. Malgré tant d'infortune, mon cœur entretient encor' du courage et des espérances pour l'av'nir, mes amis et mes enfants verront de meilleurs jours, ils seront libres, un pressentiment certain, ma conscienc' tranquill' me l'assurent. Voilà c'qui me remplit d'joie, quand tout est désolation et douleur autour de moi.

Je laiss' des enfants qui n'ont pour héritag' que l'souv'nir de mes malheurs. Pauvres orphelins! Quand votre raison vous permettra d'réfléchir, vous verrez votre pèr' qui a expié sur le gibet des actions qui ont immortalisé d'autres homm' plus heureux. Le crime de votre père est dans l'irréussite, si l'succès eût accompagné ses tentatives, on eut honoré ses actions d'un' mention honorable. «Le crime et non pas l'échafaud fait la honte.» Des homm', d'un mérite supérieur au mien, m'ont battu la triste voie qui m'reste à parcourir de la prison obscure au gibet.

Quant à vous, mes compatriotes, mon exécution et cell' de mes compagnons d'échafaud vous s'ront utiles. Puissent-ell' vous démontrer c'que vous d'vez attendre du gouvernement anglais!

Je n'ai plus que quelques heur' à vivre, et j'ai voulu partager ce temps précieux entre mes devoirs religieux et ceux dus à mes compatriotes ; pour eux, je meurs sur le gibet, de la mort infâme du meurtrier, pour eux, je m'sépare de mes jeunes enfants et de mon épouse sans autre appui, et pour eux, je meurs en m'écriant :

Vive la liberté, vive l'indépendance !

Chevalier d'Lorimier. »

FEMME 3 — Pis y est mort.

CHOEUR — Pendu !

La tête de Lorimier tombe, comme les autres précédemment.

4 FEMMES — Douz' de même : pendus !

5 HOMMES — Pendus !

Les hommes vont redescendre au bas de l'échafaudage, vers le public, pour retrouver le groupe des femmes.

HOMME 3 — Pis cinquante-huit autes, exilés dan'es terres du bout du monde, en Australie.

HOMME 1 — Parqués comm' du bétail !

HOMME 2 — Traités comm' des esclâves !

HOMME 5 — Pis des centaines à languir dan'es prisons.

HOMME 4 — Des centaines, pis encôr' des centaines !

FEMME 1 — Avec leûs maisons brûlées !

FEMME 2 — Toutes leûs biens détruits !

FEMME 3 — Pis leûs familles rendues sur l'pavé !...

FEMME 4 — Obligées d'quêter 'a charité publique pour êt' capab' de vive !

5 HOMMES — Toutes des Patriotes !

CHOEUR — Toutes les Canayens !

Toutes des bons Canayens pur' laine, en étoff' du pays !

HOMME 3 — C'tait ça l'commenc'ment du beau, long règne de not' gracieuse Majesté, la rein' Victoriâ!

FEMME 3 — Not' bell', jeun' souveraine de dix-huit ans!

HOMME 4 — Ça s'suivait l'une par darriér' l'aute, les années...

FEMME 1 — Dix-huit cent trent'-sept!

HOMME 1 — Dix-huit cent trent'-huit!

FEMMES 2 et 4 — Dix-huit cent trent'-neuf!

CHOEUR — C'taient les années des hivers rouges!
　　　　　Roug' comm' le feu!
　　　　　Roug' comm' le sang!

Ils vont faire bloc comme une foule en colère, s'avancer vers la pyramide du trône et la prendre d'assaut.

HOMME 1 — Pourquoè c'qu'on s'est pas mis tout l'monde ensembe?

FEMME 1 — Pourquoè c'qu'on a pas r'dressé 'a tête, tout l'monde en même temps?

HOMME 2 — Pourquoè c'qu'on s'est pas l'vés toutes comme un seul homme?

FEMME 2 — Pourquoè c'qu'on a pas continué à montrer 'es dents?

HOMME 3 — Pourquoè c'qu'on a pas mordu par derriére si on pouvait pas attaquer par devant?

FEMME 3 — Pourquoè c'qu'on a pas faite valoèr nos volontés dan'es parlements?

HOMME 4 — Pourquoè c'qu'on a pas envoyé prom'ner les act' d'Union pi'es Confédérations?

FEMME 4 — Pourquoè c'qu'on a pas fessé, les foès qu'on avait l'bon bout' du bâton?

HOMME 5 — Pourquoè c'qu'on s'est pas battus encôre, pis encôre pendant cent ans?

En grimpant de barreau en barreau à chaque répli-
que, avec une espèce de frénésie, ils sont arrivés
sous le trône.

CHOEUR — Pourquoè c'qu'on a jamais décidé d'aller
au boute? Au boute! au boute! au boute! au boute!

*Dans un accès de rage, ils se ruent sur l'*Union Jack
pour le mettre en pièces, c'est-à-dire qu'ils arra-
chent les bandes blanches et les rouges, formant
les croix de Saint-Georges, Saint-Patrice et Saint-
André, qui n'étaient que posées sur l'étoffe bleue
du fond.
En dessous apparaît alors le drapeau du Québec,
avec sa croix blanche et ses fleurs de lys.
Le mouvement de frénésie retombe.
Les neuf comédiens s'éparpillent dans l'échafau-
dage de la pyramide et s'asseoient sur les barreaux
de fer.
Ils vont ainsi s'adresser au public pour la reprise
de la complainte finale.

CHOEUR —
Tout en haut d'la potenc', les pendus qui nous r'gardent
Crient pitié, crient vengeanc' de par tout le pays.
Y'attend' pour voèr le jour, mais y trouv' que l'jour
[tarde,
El'grand jour qu'on s'ra libr', c'est pas pour au-
[jourd'hui.

L'indépendanc' non plus, malgré les hivers rouges,
Tant de feu, tant de sang de par tout le pays,
L'indépendanc' non plus, ç'a pas d'l'air que ça
[bouge.
Lorimier pis Chénier, patience au paradis!

Vous étiez des héros, vous fallait du sublime,
Des combats d'épopé' de par tout le pays.

Nous aut', on est pas fait' pour voler vers les cimes,
On s'sent mieux su'es buttons, ça fait rien si'y sont
[p'tits.
On a compris qu'on est juste un peuple ordinaire,
Faut pas trop prend' de chanc' de par tout le pays.
Faut pas r'garder trop haut, pis sacrer l'camp par
[terre,
On s'content' de c'qu'on a, pi'on trouv' qu'on réussit.

L'Angleterre est parti', c'est pas pir' comm' vic-
[toère !
On a eu un drapeau de par tout le pays,
Mais pour êt' maît' chez nous, ça, c'est une aut'
[histoère,
Les Anglais sont restés : sont toujours ben assis.

Faut ben qu'on aye des boss' pour runner tout' les
[banques,
Pour brâsser tout' l'argent de par tout le pays,
Mais y nous donn' des jobs, c'est pas l'pain qui nous
[manque,
Pour le beurr' qu'on met d'ssus, on l'achète à crédit.

Les Parlements sont roug', les Chamb' sont libérales,
Y'a du mond' qu'est content de par tout le pays.
Quand ça va pas d'not' goût, rest' les grêv' générales,
Pi'on peut l'dire en deux langues ! C'est-y pas
[l'paradis ?

Lorimier pis Chénier, vous avez fait' la trace,
Vous avez combattu pour nous faire un pays.
C'était la terr' promis' pour tout l'mond' de not' race,
On s'fait croèr' qu'on est d'dans, pis on vous dit
[merci !
On s'fait croèr' qu'on est d'dans, pis on vous dit
[merci !

FIN

96

achevé à Taormina,
le 12 février 1974.

ACHEVÉ D'IMPRIMER SUR
LES PRESSES DES ATELIERS
MARQUIS DE MONTMAGNY
LE 21 DÉCEMBRE 1984 POUR
LES ÉDITIONS LEMÉAC INC.